Ulrich Schaffer Lesebuch

Edition Schaffer im Kreuz Verlag

Quellenangabe: Die erste Zahl unter den Texten weist auf das Buch hin
(nach der Zählung auf Seite 198/199), die zweite Zahl markiert die jeweilige
Seitenzahl.

CIP-Titelaufnahme der Deutschen Bibliothek

Schaffer, Ulrich:
Ulrich-Schaffer-Lesebuch. – 1. Aufl., (1.–20. Tsd.). – Stuttgart:
Ed. Schaffer im Kreuz-Verl., 1989
    ISBN 3-7831-1006-8

© by Dieter Breitsohl AG
Literarische Agentur Zürich 1989
Alle deutschsprachigen Rechte
beim Kreuz Verlag Stuttgart

1. Auflage
Kreuz Verlag Stuttgart 1989
Umschlagfoto: Silya Schaffer
Umschlaggestaltung: Jürgen Reichert, Kornwestheim
Satz: Typobauer Filmsatz GmbH, Ostfildern
Druck und Bindung: Clausen & Bosse, Leck
ISBN 3 7831 1006 8

Inhalt

Ein Rückblick	6
Niemand hat deine Fingerabdrücke Über die Einmaligkeit des einzelnen	9
Ich will leben Über die Sehnsucht nach Lebendigkeit	21
Was will ich, was willst du? Über das Wählen und Entscheiden	39
Wie ein Baum in den Himmel… Über das Wachsen und Reifen	51
Ich halte es nicht aus, und doch… Über das Leben in der Spannung	63
Weißt du, wer in dir wohnt? Über Gott und die Gottesbilder	77
Ich suche dich Über Beziehung	107
Nichts ist zu klein Über die Welt des Unscheinbaren	131
Manchmal bin ich hautlos Über die Verletzbarkeit	147
Warum passiert gerade mir das? Über das Leid	161
Ich habe einen Traum Über die Hoffnung	177

Ein Rückblick

Als der Gedanke, ein Lesebuch aus meinen früheren Büchern zusammenzustellen, von meinem Lektor an mich herangetragen wurde, sagte ich spontan zu. Mit der Gründung der Edition Schaffer beginnt ein neues Kapitel meines Veröffentlichens, und da ist es passend, eine Auswahl meines Schreibens der vergangenen Jahre zu treffen. Es ist für mich ein Moment des Rückblicks.

Ich habe dieses Lesebuch nach Themen geordnet. Das war für mich eine gute Übung. Was ist mir eigentlich wichtig, worum geht es mir in meinem Schreiben, was versuche ich deutlich zu machen? Ich vermute, daß diese Themenkreise nicht nur zu meiner Vergangenheit gehören, sondern daß sie mich weiter beschäftigen werden und ich immer wieder nach neuen Ausdrucksformen für meine Gedanken in diesen Bereichen suchen werde.

Die Aufteilung in Themen ist fast willkürlich. Manche dieser Themen überschneiden sich. Es läßt sich weder im Schreiben noch im Leben so sauber trennen. Manche Texte könnten darum auch in verschiedenen Kapiteln auftauchen. Was sie alle miteinander verbindet, ist die Suche nach einem Leben, das sich zu leben lohnt.

Beim Auswählen habe ich gemerkt, wie sich meine Schwerpunktsetzung über die Jahre verschoben hat. Manche Themen waren nur ansatzweise in meinen ersten Büchern da und haben sich später dann immer mehr entwickelt, während andere wiederum von Buch zu Buch mehr und mehr zurücktraten. Beim Sichten der Texte fiel mir auf, daß die »großen Themen« Gott, Beziehung und Wachstum waren und auch geblieben sind. Gott und Beziehung sind darum auch die umfangreichsten Kapitel des Lesebuchs geworden.

Ich habe beim Auswählen die neueren Bücher stärker berücksichtigt, weil sie meinem jetzigen Stand mehr entsprechen, aber ich stehe auch zu den alten Büchern: Sie gehören zu meiner Entwicklung und haben mir geholfen, dahin zu kommen, wo ich jetzt bin. Ich sehe mein Leben stark im Zeichen der Entwicklung und Entfaltung. Darum ist vieles von dem, was ich geschrieben habe, auch relativ: Es ist der Ausdruck eines gewissen Lebensabschnittes und einer gewissen Verfassung. Es fällt mir darum auch nicht schwer, über manches zu lächeln. Aber es ist nicht ein Lächeln, mit dem ich mich distanziere, sondern mit dem ich mich an den Menschen erinnere, der ich einmal war.

Dieses Lesebuch ist nicht als Kurzfassung meines Denkens zu verstehen, sondern als Sammlung von Proben, die keine Vollständigkeit beansprucht. Ich hoffe, daß diese Texte Gedanken anreißen, die dann vom Leser in meinen oder anderen Büchern weiterverfolgt und nachgedacht werden können.

Dieser Band ist auch eine Art Führer durch meine Bücher der letzten Jahre. Zur Information erwähne ich darum am Ende des Lesebuches eine Reihe Titel für die, die nach einem Buch für eine besondere Situation suchen.

Ulrich Schaffer,
Burnaby, British Columbia, Canada
im April 1989

Niemand hat deine Fingerabdrücke
Über die Einmaligkeit des einzelnen

Alles ist Werden, alles ist Entwicklung. Was ich gestern war, steckt heute noch in mir, aber ich bin es schon nicht mehr ganz. Ich bin bereits dabei, ein anderer zu werden. Dabei ist das Alte nicht unwichtig gewesen. Ich kann heute nur der sein, der ich bin, weil ich gestern der war, der ich gestern war. Ich baue auf meiner Vergangenheit auf, ich füge Steinchen um Steinchen zu dem Mosaik, das ich bin.

Ich ahne: Wenn ich mit ganzem Herzen das bin, was ich gerade bin, dann werde ich mich am stärksten entwickeln und dem am nächsten kommen, was ich sein kann. Ich werde mich nicht immer ängstlich zurückhalten, sondern etwas wagen auf meiner Suche und dafür ein reiches Leben haben.

Unsere Einmaligkeit beginnt schon beim äußeren Aussehen. Wir sind kaum miteinander zu verwechseln. Keiner von uns hat die gleiche Vergangenheit, die gleiche Intelligenz, die gleiche Sensibilität, die gleichen Nöte und Freuden. Darum kann letztlich niemand für uns entscheiden und unser Leben für uns leben.

Dieses mit meinem Wesen zu begreifen ist schon lange mein Wunsch. Ich will Kontakt zu dem Einmaligen in mir bekommen. Ich will nicht eine Rolle leben, sondern das entwickeln, was unauswechselbar an mir ist. Ich will auf meine innere Stimme hören, sie ernst nehmen und mich nicht bevormunden lassen von einem »man«, das nicht meiner Einmaligkeit entspricht.

Die eigene Einmaligkeit zu entdecken ist wie eine Heimkehr zu mir selbst. Es ist die Annahme meines eigenen Lebens, so wie es ist, und die Entschiedenheit, es zu verändern, wo ich nicht damit zufrieden bin. Es ist das Besinnen auf den Beitrag zum Leben, den nur ich geben kann.

Einmaligkeit hat auch mit Selbsttreue zu tun. Der Mensch, der seine Einmaligkeit begriffen hat, ist nicht mehr käuflich. Er ist nicht mehr einzubauen in die Maschinerie der Zerstörung anderer, die ihn gebrauchen und ausnutzen wollen.

Das Wissen um die eigene Einmaligkeit mag Gefühle des Glücks und des Schmerzes mit sich bringen. Beides gehört zum Leben. Aber über beidem steht das Gefühl, das eigene Leben in die Hand genommen zu haben und nicht aus zweiter Hand zu leben und von Echtheit nur zu träumen.

Niemand hat deine Fingerabdrücke
Niemand hat deine Stimme.
Niemand sagt so »ich liebe dich« wie du.
Niemand glaubt wie du.
Niemand denkt so ans Sterben wie du.
Niemand hat deine Geschichte.
Niemand spürt die gleiche Trauer,
das gleiche Glück
wie du.

Niemand ist wie du.
Niemand in deinem Land,
auf deinem Kontinent,
auf dem dritten Planeten dieses Sonnensystems,
in der Galaxie,
die wir die Milchstraße nennen.
Niemand,
weil du einmalig bist.

Du,
ich will dir sagen:
So, wie du bist,
ist es gut.
Glaub mir,
du brauchst nicht so zu sein,
wie du immer sein willst,
um mir zu gefallen.
Ich merke,
daß du mir nicht glaubst,
aber in Wirklichkeit
glaubst du dir nicht.
Du bist schön.

Der heilige Raum

In uns gibt es einen heiligen Raum, auf den wir uns zurückziehen können, wenn wir um ihn wissen und ihn ernst nehmen. Er ist unantastbar, und jeder Versuch, ihn für etwas anderes zu benutzen, ist eine Art Verunreinigung, die aber nur noch wenige merken. Es ist der Raum des Staunens. Da, wo ich ich bin und du du bist. Nirgends sind wir so wir selbst wie dort. Es ist der Raum der Kraft. Dort ist die Energiequelle der Person. Es ist das Heiligtum der Person. Es ist der stille Raum, in dem die vielen Stimmen in uns ruhen können und in dem wir sie unterscheiden lernen.

Es ist der Raum der Epiphanie, der Offenbarung, des »Ich Bin« und des »Ich Bin Ich« der Bewußtwerdung. Es ist der Ort der Einsamkeit. Es ist auch der Ort des Schreckens und der Verzweiflung.

Weil er so im Herzen, im Zentrum liegt, darum haben die, die uns beherrschen wollen, ganz gleich ob aus guten oder schlechten Motiven, es immer auf diesen Raum in uns abgesehen. Wenn ein Mensch zerstört werden kann, dann immer, weil dieser Raum vorher zerstört wurde.

Der Raum hat keinen Griff von außen. Er muß von innen aufgemacht werden. Einlaß muß gewährt, kann nicht erzwungen werden.

Wenn wir diesen Raum verlieren, verlieren wir uns selbst. Wir können viel von uns verschenken, aber wenn wir diesen Raum aufgeben, ist es kein Geschenk, sondern eine Selbstvergewaltigung.

Wenn man ihn verloren hat, kann man den Raum zurückgewinnen. Man muß systematisch alles Fremde hinauswerfen. Niemand anders hat dort zu wohnen, auch nicht das Geliebteste. Nichts, was wir nicht eingelassen haben, hat dort etwas zu suchen.

25/28

Du hast das Recht, dich selbst zu lieben.
Du darfst bei dir sein,
dich bei dir wohl fühlen,
dich entdecken und kennenlernen,
wie man einen geliebten Menschen kennenlernt.

Nichts wird dir so helfen,
andere zu lieben,
wie die Liebe zu dir selbst.
Darum ist jede Handlung
der Liebe zu dir selbst
eine Tat, die dich näher zum anderen führt.

Es ist wichtig,
daß du Zeit für dich hast.
Liebe braucht Zeit.
Wo die Zeit fehlt,
tritt die Vernachlässigung ein,
und wenn du dich vernachlässigst,
verlierst du dich,
und wenn du dich verlierst,
verlierst du die Fähigkeit,
andere zu lieben.

Wenn die Liebe wächst,
wächst auch die Phantasie.
Du wirst neue Ideen entwickeln,
wer du eigentlich bist
oder wer du sein willst.

Du wirst Welten in dir entdecken,
die du in Phantasiereisen erobern kannst.
Du wirst deinen Reichtum spüren
und dein Potential freisetzen.

Je besser du dich kennenlernst,
desto schöpferischer wirst du deine Liebe
zu dir selbst gestalten.
Sie wird Form gewinnen und dich dadurch befähigen,
deine Liebe zu anderen kreativer zu gestalten.
Aber es wird nicht immer leicht sein,
dich selbst zu lieben.
Du wirst auch die Abgründe in dir deutlicher sehen,
vor ihnen zurückschrecken,
sie ablehnen und meinen,
daß sie nicht zu dir gehören.
Aber auch das bist du,
auch das mußt du aufnehmen in deine Person,
in dein aktives Leben.
Es gehört auch zu dir.
Nur wenn du diese Seiten in dir annimmst,
in ihrer Tiefe verstehst
und mit ihnen gestaltend umgehst,
nur dann wirst du diese Seiten
in anderen auch annehmen können.
Darum ist es eine Vorbereitung
deiner Liebe zu anderen.

Nur der Mensch, der sich lieben darf,
wird sich selbst nicht verwöhnen.
Verwöhnung deutet Mangel an.
Egoistisch ist der Mensch,
der nichts hat und darum versucht,
alles an sich zu reißen,
und dabei immer weniger hat.

Wer sich liebt, wird sich verschenken
und dabei reicher werden.

33/38–40

Ich wage es,
an mich selbst zu glauben:
an meinen Drang nach Reife,
an meine Liebesfähigkeit,
an meine Begabung zur Freundschaft,
an meine entschiedene Ausdauer,
an meine immer neue Hoffnung.

Aber auch wenn ich versage und Fehler mache,
wenn ich unnötig verletze,
wenn ich anderen die Freiheit nehme,
wenn ich kleinkariert werde,
wenn ich mich nicht mehr erneuere,
wenn ich hart und unnahbar werde,

auch dann will ich glauben,
daß neben der Zerstörung
auch das Lebensförderliche in mir wohnt,
und ich will es hervorlocken
mit meiner Hoffnung und meinem Mut 27/30

Ich merke, wie ich fast automatisch dazu neige, andern mehr zuzutrauen als mir selbst. Ein in Kindheit und Jugend trainierter Reflex zum Beweis meiner Demut. (Darauf kann man doch stolz sein!) 14/182

Wenn du bei dir bist
und dich wohl fühlst,
verträgst du die Eigenart anderer,
ihre so ganz eigene Sicht der Dinge.
Dann hältst du ihre Herausforderung aus.

Aber dann gibt es Tage,
an denen du Angst vor dir selbst hast,
vor deinen übermächtigen Gefühlen,
deinen seltsamen Gedanken,
Angst vor der dunklen Zukunft
und der Macht der Vergangenheit.
Dann wirst du unsicher
und weißt nicht recht,
was du glaubst.
Dann leidest du
unter der Entschiedenheit anderer
und willst dich zurücknehmen.

Bleib bei dir,
bei deiner Schönheit und Herbheit,
bei deiner Freiheit und deinen Grenzen.
Nimm dich nicht von uns.
Wir brauchen dich, wie du bist.

Du, sei du – du. 29

Gehe nicht weg von dir! Wenn nötig, dann lebe gegen alles,
was dich von dir trennen will. 25/38

Du hast das Recht, du zu sein.
Oft hast du dich gefragt, wer du bist.
Du hast andere gefragt
und ganz unterschiedliche Antworten bekommen.
Du hast gespürt, daß sich etwas in dir regt,
etwas Eigenes, Unauswechselbares.
Du bist dem nachgegangen,
aber du hast dich nicht getraut, es zu entwickeln;
du hattest Angst vor deinem eigenen Mut.

Du hast gelesen und geforscht,
hast Biographien anderer studiert,
du hast deine eigene Familie beobachtet,
um dich selbst besser zu verstehen,
und bist doch immer wieder
zu dir zurückgekommen.
Und am Ende hast du gemerkt,
daß du nur dich hattest,
dein Leben, deinen Weg, deine Entscheidungen.

Wenige haben dir geholfen,
dein Leben selbst zu führen.
Viele haben dir Ratschläge gegeben,
wie sie es machen würden.
Jetzt bist du dran.
Du kannst dein Leben in die Hand nehmen,
kannst entscheiden, wie du leben willst,
kannst dich wehren gegen die,
die für dich entscheiden wollen.
Du entscheidest. Es ist dein Leben.

33/16

Zu sein
ist Wunder genug.
Zu spüren, daß ich bin,
hier,
in dieser Zeit
und diesem Raum
so einmalig und besonders.
Eines Tages auf dieser Erde erschienen
und später gesagt: Ich bin ich.
Das ist Wunder genug.

In den unendlichen, leeren Räumen des Universums,
im Wunder des geheimen Ablaufs aller Dinge
ist es das größere Wunder,
daß ich bin,
daß ich die Leere ausfülle
mit dem Wunder des Lebens,
daß ich mich selbst erlebe,
daß ich um mich weiß
und dann nach außen vorstoße
und dir begegne.

Ich will nicht nach Wundern suchen,
sondern mir bewußtmachen,
daß ich Wunder genug bin.
Ich will mich feiern,
wie Gott mich feiert.

10/27

Ich will leben
Über die Sehnsucht nach Lebendigkeit

Eng verwandt mit dem Thema der Einmaligkeit ist das Thema der Lebendigkeit und der Lebensqualität. Weil wir uns unserer Einmaligkeit nicht sicher sind, geben wir unser ureigenes Leben auf. Wir führen das aus, was andere von uns verlangen. Wir leben nach Regeln, die nicht unsere eigenen sind, und wundern uns dann, daß unser Leben so wenig intensiv und blutvoll stattfindet.

Jede/r muß für sich selbst entscheiden, was wirkliches Leben bedeutet. Viele meinen, das führe zu Chaos. Natürlich ist es mit einem Risiko verbunden. Aus dem Wunsch nach Lebendigkeit kann Verantwortungslosigkeit werden. Auf der Suche nach unserem Leben können wir anderen das Leben nehmen. Und doch ist die Alternative, sich so zurückzunehmen, daß man nicht wirklich lebendig ist, keine echte Alternative.

Ich bemühe mich um die Fähigkeit, die Gratwanderung zu gehen, zwischen der Liebe zu mir selbst und zu anderen, zwischen Vorsicht und Risikobereitschaft, zwischen Spontaneität und Reflexion. Nicht alles auf Sicherheit zu setzen, aber auch nicht das Leben wegzuwerfen.

Ich will so leben, daß ich in einer echten Beziehung zum Leben stehe und nicht zu einem Bild des Lebens. Ich will das Formelhafte mehr und mehr ausschalten zugunsten des Echtseins. Ich will so leben, daß ich jederzeit sagen kann: Ich bin bereit zu sterben, weil ich wirklich gelebt habe. Ich habe das Leben nicht verpaßt.

Dein Leben

Du, du bist. Dein Leben hat begonnen. Ein Startpunkt wurde gesetzt, und jetzt rollt es ab. Aber spürst du dein Leben? Hörst du *dein* Leben, oder ist es das Leben anderer? Kennst du dich? Kennst du dich wieder in dem, was du tust und wie dich andere behandeln, oder wirst du dir immer fremder? Bist du bei dir?

Du, dein Leben ist einmalig, in all seiner alltäglichen Freude und in seinem Schrecken. Hörst du das Leben in dir klopfen? Es meint dich, es ruft dich und will zu dir gelangen. Dein Leben wartet auf dich. Es will von dir gelebt werden. Es wirbt um dich, es will dich. Nimm dein Leben zurück und laß es nicht von andern leben. Sie können es nicht, es ist nicht ihr Leben.

Du, erinnerst du dich an deine Träume? Weißt du noch, was du alles wolltest? Oder hast du vergessen, daß du einmal voller Sehnsucht nach vollem, lebendigem Leben warst? Hast du aufgegeben, wirklich zu leben, weil es zu anstrengend war? Hast du dich an das Absterben gewöhnt? Bist du vor den Schmerzen geflohen, die mit jedem intensiven Leben kommen? Sitzt du deine Zeit jetzt nur ab, grau in grau, ohne die Farben der Hoffnung?

Du, du mußt wieder zu deinen Sehnsüchten finden, zu deinem Hunger nach mehr. Doch zurück kannst du nicht. Stürze dich in die Zukunft, indem du jetzt überlegst, was du überhaupt willst. Was willst du? Gibt es ein Ziel in dir? Bist du beseelt von einer Sicht, von einem Weg, von einer Zukunft? Hast du Hoffnung? Siehst du die Türen, die dich einladen?

Du, was dich erfüllt, wird sich in deinem Leben abzeichnen. Was in dir wohnt, wird sich in deinen Handlungen ausdrücken. Was dich innerlich erleuchtet, wird in deinen Augen sichtbar werden. Wonach dein Herz sich sehnt, wird deine Sprache bestimmen. Innen und außen sind eins.

Du, er steht neben dir. Nenn ihn Leben oder den Lebendigen. Nenn ihn den Sehnsüchtigen, der nach dir Ausschau hält. Er hält dich, wie ein Bruder, wie eine Schwester, wie ein Vater, wie eine Mutter, und mehr als alle diese. Nenn ihn deinen Geliebten. Nichts anderes hat er im Sinn, als dir dein Leben zu geben und es dir zu erhalten. Wirf es nicht weg. Es ist unendlich kostbar. Entdecke das Wunder, das du bist.

25/14–16

Mich selbst ernst nehmen

Ich lehne die Sprüche ab,
die mir den Tod bringen,
die mich entwürdigen
und schlechtmachen.

Wie ich sie hasse,
die gutgemeinten Vereinfachungen,
die ich nur glauben kann,
wenn ich mich nicht ernst nehme.

Aber
ich habe entschieden,
mich ernst zu nehmen
als Akt des tiefsten Glaubens
an dich, Gott,
weil du sagst,
daß du unser Leben willst
und nicht unseren Tod,
weil du unser Wachstum wünschst
und nicht unsere Verkümmerung.

Darum wehre ich mich
gegen die Verstümmler,
gegen die Entwürdiger und Reduzierer,
gegen die Kleinkarierten,
gegen die Vereinfacher,
gegen die Seelenzerstörer,
gegen die Sichtlosen und Lauten,
gegen die Vorschreiber und Nachbeter.

Ich achte nicht mehr auf ihre Sprüche.
Ich halte mich nicht mehr an ihre Regeln.
Ich glaube nicht mehr ihrem Geflüster.
Ich bete nicht mehr ihre Gebete.
Ich singe nicht mehr ihre Lieder.
Ich erwidere nicht mehr ihr Lächeln.
Ich suche nicht mehr ihren Gott.

Auch gerade dann nicht,
wenn sie in mir wohnen. 18/56–57

Ich habe große Hoffnung, daß du dem Ketzerblut in dir noch eine echte Chance geben wirst. Gerade du in deiner Position könntest etwas aufreißen von der Sicherheit und Verfahrenheit, in der die tötenden Wiederholungen ablaufen. Es würde wie ein Aderlaß für dich sein. Dein Blut kommt sich manchmal wie eingesperrt vor. Es gerinnt in den festen Blutbahnen, den Dogmen, die die Seele erfindet, um nicht frei und verantwortlich zu sein.

Sag explodierende Worte, singe grenzenlose Lieder, denke Gedanken, die die Verkrustungen zersetzen, erschüttere mit deinen Augen und beuge dich nicht unter der Peitsche der Frömmler. Komm, bau ein Haus ohne Dach, höre auf die stillen Stimmen, schweig, wenn man zudeckende Worte von dir erwartet, glaub Kindern, sieh den einzelnen, beachte das Kleine, verschließ deine Tür nicht. 30/130

Die Botschaften deines Körpers
Hast du gemerkt,
daß deine Augen nicht mehr mitmachen wollen?
Daß dein Mund nicht mehr die Worte sagen will,
die du ihm aufträgst?
Hast du gemerkt, daß deine Ohren
manchmal ihren Dienst versagen?
Hast du gemerkt, daß dein Geschlecht nicht damit
einverstanden ist, immer abqualifiziert zu werden?
Spürst du, daß dein Gehirn die auswendig gelernten
Sprüche nicht mehr speichern will?
Hast du gemerkt, daß deine Blutbahnen
sich mißbraucht fühlen?
Hast du bemerkt, daß deine Fingerspitzen einsam sind?

Sie alle lehnen sich auf – gegen dich.
Sie machen nicht mehr mit.
Du läufst zum Arzt, und er macht alles wieder gut.
Aber auch wenn wieder alles funktioniert, so ist doch
die Rebellion, die Auflehnung in dir, nicht vorbei.
Sie wird wieder aufbrechen.
Sie ist nicht zu unterdrücken, nicht für immer,
weil sie die Auflehnung des Lebens gegen einen
sinnlosen Tod, der sich Leben nennt, ist.
Dein Körper lädt dich ins Leben ein.
Das Leben, *dein* Leben, wartet auf dich.

25/24

Drinnen möchte ich sein
in meiner Hand.
Dann wird aus dem Fleisch,
aus den Knochen und Sehnen
eine Liebeshand,
die zärtlich führt.

Drinnen möchte ich sein
in meinen Augen,
dann wird aus Iris und Pupille
der Liebesblick,
der ins Leben ruft.

Drinnen möchte ich sein
in meinen Worten,
dann wird aus Buchstaben und Silben
eine Geschichte der Liebe,
offen und bunt,
in der jeder eine Heimat findet.

Ich möchte in mir leben.
Ich möchte sein, wo ich bin.
Und wenn ich wirklich für mich bin,
bin ich auch immer für dich.

19/81

Welch eine schöne Entdeckung, mir selbst trauen zu können. Immer wieder hat man mir gesagt, daß ich mir nicht trauen dürfte – nur Gott. Aber wenn Gott seine Wohnung in mir aufgeschlagen hat, muß das doch auch die Konsequenz haben, daß ich mir trauen kann. Keine falsche Demut mehr! Die, die nur Gott trauen, trauen ja auch nur *ihrem* Gott.

14/164

Schon längst weißt du,
daß du manches nicht mehr tun willst,
weil es gegen dein Inneres angeht.
Du machst einen faulen Kompromiß,
du verkaufst dich,
vielleicht für ein bißchen Ruhe,
für ein bißchen Sicherheit,
für ein bißchen Wärme,
aber dabei verlierst du dich selbst.

Wenn du dich selbst verlierst,
verlierst du das Kostbarste, was du besitzt.
Dann wirst du ein Mensch ohne Kern.
Du mußt dich kennenlernen,
um dich lieben zu lernen.
Wir können nur lieben, was wir kennen,
und wir lernen nur kennen,
was wir bereit sind zu lieben.

Die Gleichgültigkeit,
auch uns selbst gegenüber,
macht uns blind.
Lerne dich kennen,
lerne dich lieben.

An der Tür ein mir Unbekannter. Ich höre ihn laut reden, viel zu laut für unseren Eingangsflur, viel zu laut für die Nähe, in der sich sein Gegenüber befindet. Jetzt kommt er laut redend die Treppe hoch. Ich habe das Empfinden, daß seine Stimme mich aus meinem eigenen Haus verdrängt oder daß ich schreien lernen muß.

Spürst du den Druck der Masse? Du wolltest ausbrechen, hast versucht, dich zu befreien, wolltest nicht mehr dem menschenfressenden »man« ins Maul fallen. Aber da kamen die Stimmen, diese lieben Stimmen, die dein Bestes wollten und dich auf dem richtigen Weg halten wollten. Sie gaben nicht zu, daß sie von *ihrem* rechten Weg sprachen, sondern sie hörten sich immer so an, als gebe es keinen anderen rechten Weg. Das gab ihnen das Recht, dich bekehren zu wollen.

Weil du vorsichtig bist und nicht gern verletzend, wehrst du dich zaghaft. Du wählst deine Worte gewissenhaft. Du gebrauchst die Logik, diese Freundin, auf die du immer wieder zurückgreifst, um dich aus schwierigen Situationen zu befreien, um die andern zu überzeugen, daß ihr Weg nicht unbedingt der richtige für dich ist. Aber Logik reicht da nicht aus. Die andern kämpften um ihr Leben, wenn sie dich bekehren wollten. Wenn sie dich einreihen können in ihre Richtung, dann sind sie gefestigter. Du störst sie nicht nur, sondern gefährdest sie, wenn du die Welt nicht so siehst wie sie. Darum ist der Kampf unterschwellig auch so verbissen. Also, es geht nicht darum, daß du sie überzeugen mußt. Das hätte deine Logik wahrscheinlich schon längst geschafft, wenn es hier um Logik ginge. Darum mag die Zeit gekommen sein zu schreien. Vielleicht mußt du unlogisch werden und deine Worte nicht mehr so gut wählen. Es kann sonst sein, daß du dich in Wortgefechten und Beweisführungen verlierst und nicht dazu kommst, das zu leben, was du begriffen hast.

Das Schreien mußt du nicht lernen. Es schlummert in dir.   30/80

Die allermeisten Menschen versuchen, auf die eine oder andere Weise ihre Lebensqualität zu verbessern. Die einen tun es, indem sie verzichten, sich selbst verneinen, Askese üben, einen religiösen Weg gehen. Ihre Hoffnung, ausgesprochen oder unausgesprochen, ist, daß sie für ihre Verneinung entweder in diesem Leben oder einem anderen belohnt werden, oder, daß sie durch die Verneinung ein Selbstwertgefühl erleben, welches sie glücklich macht. Andere wiederum meinen, die Verbesserung der Lebensqualität wäre nur zu erreichen, indem sie sich voll ins Leben stürzen, bis hin zur Ausschweifung. Leben heißt für sie: erleben, auskosten, mitgerissen werden vom Rausch des Lebens. Auch sie erhoffen sich von dieser Art zu leben ein Glücksgefühl.

Religionen, Ideologien, Lebensstile versprechen ein erfülltes Leben. Obwohl wir alle lebendig sind, scheinen wir doch nicht überzeugt zu sein, daß wir wirklich so lebendig leben, wie wir könnten, um ganz glücklich zu sein. Darum suchen wir nach Führern, Gedankengebäuden und Methoden, die uns dieses Glück bringen könnten. Es ist, als wenn zwischen uns und unser Leben etwas gekommen ist, was uns das Leben nimmt. Die einen nennen es Sünde, die andern Angst, und wieder andere sprechen von falschen Einstellungen oder sozialen Mißständen, die den Weg zum Glück blockieren, und bieten meistens auch Lösungen für diese unguten Zustände an. Der Markt ist überfüllt mit Lebenskünsten, die aus psychologischer, theologischer und philosophischer Sicht neue Wege zum Glück anbieten. 25/5

Ich lasse mich nicht unterdrücken
von denen, die Wachstum verneinen,
von Ideen, die das Entfalten verbieten,
von Gesetzen, die das Reifen verhindern.

Ich lasse mich nicht einschüchtern
von Vorschriften, denen es nur um Sicherheit geht.
Ich lasse mich nicht ersticken
von hübscher Mittelmäßigkeit.
Ich lasse mich nicht zurückhalten
von den Risikoscheuen.

Ich protestiere gegen die Verneinung des Lebens
und stürme weiter vor.
Wie sollen wir uns sonst treffen?
Das Übliche ernährt uns nicht,
und mitten im Überfluß werden wir sterben.

Ich werde mit mir selbst
in Verbindung treten
und mit besonderem Tastsinn
auf dich zu wachsen.
Ich werde dich mit dem inneren Auge sehen,
deine ungesprochenen Worte hören
und weiter als eine Meile mit dir gehen.

Ich werde unvorhersagbar sein
und leben. 19/17

offenes bekenntnis

ich habe verschiedene freunde und bekannte
die alle auf ihre weise etwas von mir erwarten
die mich zu dem bekehren wollen
was sie glauben
damit ihr glauben sinnvoller erscheint
und ich muß aufpassen
daß ich nicht das gleiche tue
ohne es zu merken

ich habe bekannte
deren theologie einwandfrei erscheint
die aber auf ihrer suche nach der rechten theologie
vergessen haben zu leben
und darum mit einem leblosen glauben enden

ich habe freunde
die auf alle fragen antworten haben
die aber den sehr unbefriedigt lassen
dem sie gegeben wurden

und weiterhin kenne ich menschen
die keine antworten haben
und daraus eine wissenschaft gemacht haben
die jeden als oberflächlich stempeln
der sich erfrecht eine antwort zu haben

dann gibt es die
die fromm und kirchlich sind
oder unfromm und unkirchlich
oder die die an nichts glauben
sich aber christen nennen

von diesen bekannten und freunden
werde ich dann kurzerhand eingeordnet
indem sie meinen glauben mit ihrem vergleichen
und ich bekomme dann die titel:
ein abgefallener
ein standardchrist
ein freidenker
einer aus dem nicht schlau zu werden ist
einer der fromm ist aber nicht fromm genug
einer der christ ist aber nicht kirchlich genug
ein suchender der am falschen ort sucht

oder manchmal tun diese freunde etwas
was noch schwieriger ist:
sie zählen mich zu sich
in der kurzsichtigkeit die uns allen eigen ist
wenn wir eine richtung verfolgen
und nichts anderes mehr sehen können
dann muß ich mich wehren

beim betrachten meiner freunde
komme ich dann zu dem schluß
daß ich niemand mehr gerecht werden will
denn sonst werde ich dieses leben nicht überleben

ich will mich niemand mehr passend machen
ich will nicht mehr tun
»was ein christ tut«
und nicht lassen
»was ein christ läßt«
denn ich kann nur das tun
was ich erkenne
denn sonst lüge ich

ich kann nicht frommer sein
   weil du es so willst
ich kann nicht »amen« sagen
   wenn mir nach schreien ist
und ich werde nicht schreien
   wenn ich »amen« sagen möchte
und ich kann nicht lächeln
   wenn ich weinen möchte
und ich werde mein leben nicht so einteilen
   wie du es wünschst:
   in geistlich und weltlich
   in glauben und leben
denn ich bin doch nur *ein* mensch
   mit *einer* vergangenheit
   mit *einem* herzen und *einem* gesicht

wenn ich das tue
treten meine freunde plötzlich zurück
denn ich werde unangenehm
und entpuppe mich als wolf im schafspelz
als gefährlich und gefährdend
und sie schieben mich freundlich aber bestimmt ab

und nun suche ich nach menschen
die sich trauen zu sein was sie sind
die nur *ein* gesicht haben
die nicht gefallen wollen
   und darum auch vielen nicht gefallen
nach menschen die nicht tun was »christlich« ist
und die keine sehnsucht mehr haben
in einer gruppenbezeichnung zuflucht zu suchen
   die allein vor gott stehen
   und es aushalten können

Dein Leben lang
hast du zwischen Menschen und Meinungen gestanden,
warst umgeben von einem Stimmengewirr
und konntest *deine* Wahrheit nicht finden.

Du hast nach deiner ganz eigenen Musik gesucht
und immer nur die Musik anderer gehört.
Klänge kreuzten sich, verhallten,
in ihnen fehlte deine Stimme.
Du hast deine Melodie nicht gefunden.

Du hast von allen Seiten gehört,
wie du die Welt sehen solltest.
Man hat dir Angebote über Angebote gemacht,
und manchmal hast du eins angenommen,
hast dich so bewegt, wie man dir vorschlug,
hast das geglaubt, was man von dir erwartete,
und hast dich doch in allem nicht gefunden.
Du bist leer geblieben und unruhiger geworden.

Da ist deine Sehnsucht nach dem Durchblick
noch weiter gewachsen,
auch wenn du manchmal kurz vor dem Aufgeben standest
und du die ganze Ernsthaftigkeit,
auch deine eigene, belächelt hast.
Dann hast du dich wieder aufgemacht
und hast weitergesucht.
Du hast nicht aufgegeben
und hast die Angebote weiter geprüft.

Was will ich, was willst du?
Über das Wählen und Entscheiden

Was will ich, was will ich wirklich, ist eine der schwersten Fragen des Lebens. Und mit den Entscheidungen zu leben, die ich getroffen habe, kann noch schwerer sein. Darum versuchen wir, uns so oft vor dieser Frage zu drücken, und geben dadurch unser Leben aus der Hand. Wir lassen andere Menschen, den Ablauf der Zeit oder die Umstände für uns entscheiden.

Ich glaube, daß es die besondere Begabung des Menschen ist, einen Willen zu haben, mit dem er einen Kurs für das eigene Leben entscheiden kann. Wir handeln nicht nur nach Instinkt, Logik oder Gefühl, sondern wir können abwägen, untersuchen, uns informieren und dann unsere Entscheidung treffen.

Es ist das den Menschen Auszeichnende, daß er so an der Gestaltung des eigenen Lebens mitwirken kann. Ich glaube, daß unser Glücklichsein direkt verbunden ist mit dem Grad, in dem wir unser Leben selbst bestimmen. Der Wunsch nach Selbstbestimmung, den wir in den letzten Jahren viel gehört haben, ist das tiefe Verlangen nach einer schöpferischen Gestaltung des eigenen Lebens. So zu leben mag anstrengender sein, weil wir mit jeder Entscheidung auch verantwortlicher werden, aber es entspricht der Bestimmung des Menschen. Je bewußter ein Mensch ist, desto mehr entscheidet er sein Leben.

Ich versuche darum, in meinem Leben bewußte Entscheidungen zu treffen, und mein Schreiben hilft mir dazu, weil ich mir manches durch das Aufschreiben bewußt machen kann. In diesen Prozeß möchte ich meine Leser hineinnehmen. Ich will die Herausforderungen des Lebens annehmen und aus ihnen etwas machen.

Gott, was ich nicht mehr will und was ich will

Ich will nicht mehr betteln.
Diese Erniedrigung paßt nicht
zu einem Sohn Gottes.

Ich will nicht mehr unterwürfig knien.
Dann kann ich deine Augen nicht sehen
und gehe an deinem Angebot vorbei.

Ich will mich nicht verstecken
und bewußt tun, was ich tue,
auf dem Weg in die Reife.

Ich will mich nicht entschuldigen
wie einer, der immer ungenügend ist.
Du hast mich doch gemacht.

Ich will mein Gesicht nicht vor dir verdecken.
Du sollst sehen, wer ich bin,
und ich will mich nicht mehr schämen.

Ich will mich nicht mehr verurteilen
wie einer, dem es immer um Schuld geht
und nicht um Wachstum.

Ich will keine Angst vor der Sünde haben,
weil die Angst
der Sünde die Macht gibt.

Ich will nicht mehr so tun,
als hätte ich keine Sehnsüchte und Träume.
In ihnen steckt der Hunger nach Leben.

Ich will keine Angst mehr vor dir haben,
weil Angst
trennt.
Ich
will leben,
bunt und auf dich zu,
wie eine Blume sich zur Sonne streckt.

Ich will weniger fromme Worte gebrauchen.
Ich will das Komplizierte an mir lieben.
Ich will freier mit dir sein, ohne Angst.
Ich will ein Sohn sein, der erwachsen wird.

Ich will aufrecht gehen.
Ich will denken ohne schlechtes Gewissen.
Ich will meine Phantasie ehren.
Ich will meine Freude genießen.
Ich will meinen Schmerz verstehen.
Ich will meinen Körper würdigen.

Ich will voll verantwortlich für mich sein.
Ich will echter werden.
Ich will mit mir ehrlich sein.
Ich will auf dich zugehen, weil ich es will.

Ich will mein Leben besitzen,
damit ich es weggeben kann,
wenn ich es will.   18/24–5

Ich weiß, daß mein Wille, meine Wünsche, meine Entschiedenheit mich formen und mir ein Profil geben. Was ich mit meinem tiefinneren Wesen wünsche, das wird mich bestimmen, wird meinem Leben Gestalt geben. Wenn ich an meinem Willen arbeite, wenn ich versuche herauszufinden, was ich wirklich will, dann bete ich bereits. Mein Leben ist mir nicht mehr gleichgültig, ich suche nach meinem Platz in der Welt, in den Beziehungen, in denen ich stehe. Ich werde hellhöriger für die Stimmen, die wichtig für mich sind. Ich versuche Gottes Stimme zu hören oder sein Schweigen zu verstehen, um meinem Wollen einen Kontext zu geben.

Ich glaube, daß der Wille das besondere Geschenk Gottes an den Menschen ist, weil wir durch den Willen unser Leben formen und kreativ mit ihm umgehen können. Es ist darum für mich zentral, daß ich meinen Willen weder abgebe (auch nicht an Gott, als hätte er mich nicht begabt, mit diesem Willen umzugehen) noch diesen Willen ausklammere aus meinem Leben mit Gott und der Welt um mich, als wäre der Wille nur böse und als könnte ich ihm nicht vertrauen. Vom Willen her entscheidet sich die Gestalt unseres Lebens, auch unseres Lebens mit Gott.

31/123–4

Dunkle Momente in der Liebe.
Du meinst nicht mehr lieben zu können,
weil das Gefühl, dem du so vertraut hast,
dich verlassen hat.

Du bist leer.
Du denkst aggressiv.
Du verlierst dich in Mißverständnissen.
Du hast nicht mehr die Weite der Liebe,
die Raum schafft und Angst überwindet.

Aber gerade das ist deine Chance zu lieben,
über das Gefühl hinaus;
mit dem Einsatz deines Wesens
den Weg zum anderen zu finden
und nicht nur auf deine Neigung zu warten.
Deinen Willen zu aktivieren
und die Arbeit der Liebe zu leisten
und so die dunklen Momente
in erfüllte Begegnungen zu verwandeln,
weil du letztlich nicht von Gefühlen,
sondern von Entscheidungen leben wirst.

Warum ist es so schwer, zu sagen: »Ich will!« Und noch schwerer, jemand anders zu erklären, daß er/sie wollen darf und daß das Leben im Wollen reift? Wir haben Angst vor unserem Willen, als wäre er ein Feind, der bekämpft werden muß, und nicht ein Freund, dessen Eigenarten man kennenlernen kann, um ihn besser zu verstehen und lieben zu lernen. 25/46

Ich stehe vor einer schwierigen Entscheidung und merke dabei, wie sie eigentlich nur schwierig ist, weil es mir schwerfallen würde, mit einer falschen oder weniger guten Entscheidung zu leben. Es geht mir also nicht so sehr um den Verlust, den ich bei der falschen Entscheidung erleben würde, als einfach um das Faktum, das Falsche getan zu haben. Es ist also eine Frage des Vor-sich-selbst-Bestehens. Wahrscheinlich bin ich am Ende doch mein ärgster Feind. 14/55

Wieder einmal formuliere ich, was ich nicht mehr will, in einem langen Telefonat, auf eine Einladung hin. Manche Menschen erleben meine mir selbst freiwillig auferlegte Begrenzung als eine Form von Hochmut. Es scheint, als dürfe man sich selbst für Gewisses nicht zu schade halten. Die gleichen Menschen pflegen sich selbst aber sehr, lassen sich das Gute etwas kosten. Und alles, was ich will, ist, meine Zeit nicht mehr mit Diskussionen zu verschwenden, mit Reden, das keiner wirklich hören will, und mit Worten, die keiner brennt zu sagen. Komm, geben wir den Zirkus auf und verfolgen wir, was uns wirklich angeht. Laß die andern uns hochmütig nennen. 21/54

Ich habe mich für das Leben entschlossen.
Ich habe mich entschlossen zu wachsen,
mehr als nur zu überleben.
Ich will durch den Nebel
zur Sonne wachsen,
zu diesem anziehenden Stern.

Ich habe mich entschlossen,
alles Zureden und Drohen
und die Wünsche, mich zu Stein zu machen,
nicht anzunehmen.
Ich will in Bewegung bleiben.

Ich habe mich entschlossen,
das Risiko am Abgrund entlang einzugehen,
Zwischenstadien durchzustehen,
schuldig zu werden
in meinen vollkommenen Entscheidungen.
In meinem Blut zu erwachen,
den Überblick zu verlieren,
zu zögern, unsicher zu sein,
auch zu fallen.
Ich bin dabei zu lernen,
daß es kein Wachstum ohne Schmerzen gibt
und daß das Leiden viele Schattierungen hat.

Und doch habe ich mich entschlossen,
alle Hindernisse zu überwinden
und am Ende siegreich zu sein:
Ich bin das Kind, das Mann wurde
und dann wieder Kind.

Wählen

Es gibt so viele Ausweichmöglichkeiten, nicht erwachsen zu werden, wie es Herausforderungen, erwachsen zu werden, gibt. Ob ich das eine oder das andere wähle, hängt von meinem Willen ab. Ich muß wählen. Ich will wählen. Es ist schwer und herrlich, zu wählen. Jetzt hier weiterzulesen oder aufzuhören, einen Freund anzurufen oder es wieder aufzuschieben, ein klares »Nein« zu sagen, wenn dich wieder jemand verheizen will, eine Mitte für dein Leben zu suchen, direkter in deinen Beziehungen zu werden, dich Wesentlichem zuzuwenden, eine Angewohnheit, die weder dein Leben noch das eines anderen fördert, abzulegen, all das kannst du entscheiden. Deine Entscheidung allein verschafft dir natürlich noch nicht, was du wünschst, und manche Ziele zu erreichen ist nicht leicht, aber ein wirklicher Anfang ist, es zu wollen. Wenn du es nur »möchtest«, bist du schon zum Scheitern verurteilt. Du mußt es wollen.

Wenn du wählst, lebst du. Wenn du andere für dich entscheiden und wählen lassen läßt, stirbst du langsam dabei. Du hast die Wahl. Nur der, der entscheidet, ist frei.

Die Entschiedenheit, etwas wirklich zu wollen, verbessert die Sicht für das, was wichtig ist. Die Entschiedenheit ist der erste große Schritt. 25/84

Aus Angst, selbst Entscheidungen treffen zu müssen, ließ er sich sein Erwachsenwerden abnehmen. Er wurde nur vor ihre festen Entscheidungen gestellt und hängte sich an sie an. Darum weiß er bis heute nicht, was er will. 14/164

Du,
nicht irgendeine unfaßbare Kraft,
entscheidest über dein Schicksal.
Du bestimmst viel von dem, was dir geschieht,
und du hast die Wahl, wie du etwas sehen willst.
Du trägst die Verantwortung für dein Glück,
und es hilft dir nicht weiter,
andere für dein Unglück zu beschuldigen.

Der unbewußte Mensch wird gelebt,
der wache entscheidet selbst
und läßt sich nicht von dem Druck
der Umstände bestimmen.
Der Mensch, der entscheidet,
wird durch seine Grenzen nicht leblos.
Er ist auch in Grenzen nicht gefangen.
Er findet Möglichkeiten,
sein Leben schöpferisch zu gestalten. 36

Erkennen, daß so unendlich viel, vielleicht alles, der tiefe Wille zum Leben hin ist. Das Problem ist, daß wir nicht genug wollen. Wir sind mit zu wenig zufrieden. Unser Fehler ist nicht der Fehler, den wir machen, sondern das Aufgeben des Ziels. 14/249

Be-deuten
Wenn ich etwas ansehe, deute ich es. Daß ich es ansehe und nicht etwas anderes, ist bereits Be-Deutung. Meine Wahl hat es bedeutend(er) gemacht. 25/5

Wie ein Baum in den Himmel...
Über das Wachsen und Reifen

Es gibt drei Bücher von mir, die das Thema des Wachsens direkt im Titel haben: »Ins Blaue Wachsen«, »wachsende liebe« und »mit kindern wachsen«. Aber als Thema ist es in jedem meiner Bücher zu finden. Ich glaube, daß es zur Bestimmung des Menschen gehört zu wachsen. Andere Begriffe dafür sind: Entfaltung, Entwicklung, Evolution, Bewußtwerdung, Reifung.

Zu wachsen ist eine Sache der Entscheidung. Wir können Wachstum auch verweigern und uns ein Leben lang in den Kinderschuhen aufhalten. Wir können uns in Wiederholungen bewegen und uns an Formen und Inhalten festhalten, die wir einmal entwickelt haben, ohne sie dann im Laufe unserer eigenen Entwicklung in Frage zu stellen. Inneres Wachstum kommt nicht so automatisch wie äußeres Wachstum. Wir müssen uns darum bemühen und etwas dafür einsetzen, und das ist manchmal mit Schmerzen verbunden.

Wachsen ist Illusionen loslassen und ansehen, was ist und was möglich ist. Ich spüre in mir einen Kern, der entwickelt werden, und eine Anlage, die ausgebaut werden kann. Ich will mich nicht zufriedengeben mit dem, was ich erreicht habe. Ich suche einen klareren Durchblick, ein größeres Verständnis der Welt um mich. Ich will die Zusammenhänge der Welt besser verstehen. Ich wünsche mir, in eine Weisheit hineinzuwachsen, die Menschen und Dinge von innen heraus versteht.

Zu wachsen ist für mich identisch mit bewußt zu werden und hellwach zu leben.

Alles Wachsen ist Veränderung.
Wir lassen einen Zustand, eine Welt,
hinter uns
und begegnen der Angst vor dem Ungewohnten.
Eine Welt, in der Farben nicht mehr zueinander passen,
heilige Worte erschüttern
und Brüche zu Visionen werden,
nimmt uns auf.

Wir haben einen Bereich verlassen,
aber den neuen noch nicht erreicht.
Wir haben eine Sicherheit aufgegeben,
aber noch keine neue bezogen.
Über der staunenden Menge
läßt der Trapezkünstler eine Schaukel los
und, wenn sein Zeitempfinden gestimmt hat,
schnappt dann die andere Schaukel.
Das ist der Flug ins Wachstum.

Das ist der Wechsel,
in dem wir unsere Nacktheit
bis hin zum Schmerz empfinden.
Aber es gibt kein Wachstum, ohne zu springen,
ohne Brücken hinter sich zu verbrennen
und dann großäugig und fröstelnd
an einem neuen Ufer zu stehen.

Und doch,
ohne Wachstum
ist nichts.   19/32

Ich bin ein Lernender, ein Neuling im Prozeß des Lebens, auch wenn ich schon 41 Jahre alt bin. Ich bin umgeben von Geheimnissen und sehne mich nach einem bewußten Verständnis der Welt. Ich möchte auf das Leben um mich reagieren und wünsche mir, daß meine Reaktionen frisch, lebendig und persönlich sein könnten und nicht stereotyp und vorhersagbar. Zu entdecken, was in mir schlummert und was ich nicht kannte, heißt erneuert werden, anders leben, wachsen. Ich bin auf der Suche. Ich schreibe und fotografiere, um mir eine Heimat in der Welt zu schaffen, auch wenn ich weiß, daß ich hier nicht ganz zu Hause sein werde und daß meine Zeit begrenzt ist. 19/91

Was so in der Seele schmerzt, ist das Verkrampftsein der Seele gegen die Arbeit der Reifung. Die Seele will ein spielendes Kind bleiben. 25/74

Es gibt sehr wenige, die den Weg des Erwachsenwerdens wirklich einschlagen und durchhalten. Am häufigsten ist das Zur-Ruhe-Setzen, dieses Heimatfinden vor dem Ziel. Und das Ziel ist immer der Tod und drüber hinaus. Darum ist jede Heimat immer nur Ruhepause, nur Zwischenziel. 21/124

Wachsen heißt für mich,
eine Sehnsucht zu haben, die schmerzt,
schon durch Worte zerbrechlich zu sein
und das Risiko einzugehen, am Rand zu leben. 19/46

W*eglos*

Gott, ich danke dir, daß du dich mir immer wieder *nicht* zu spüren gibst. So lerne ich den andern Gott kennen, den bildlosen, der in dir wohnt, der in mir wohnt. In diesen Raum stoße ich nur durch die Leere vor. Die Leere und Enttäuschung öffnet mir die Tür in das Neue.

Da fällt auch mein Bild von mir selbst ab. Ich lebe ohne Bezeichnungen, ohne Standorte, nur mit deiner Zuwendung bekleidet, auch wenn ich sie heute noch nicht einmal spüre.

Ich schenke dir meine Nacktheit. Ich erlebe den Ablauf des Lebens viel hautnaher. Es läuft nicht nur ab, sondern es ereignet sich. Das Leben ist ein Ereignis. Du bist ein Ereignis. Ich bin ein Ereignis. Es ist spannend, nicht zu wissen, wo es weitergeht. 25/70

Unsere ganze Kultur ist eine Emanzipationsbewegung aus dem Anonymen ins Persönliche und Partnerschaftliche, aus einem Rollenverständnis ins echtere Sein. Vielleicht sind wir in unserem Verhältnis zu Gott auch in dieser Entwicklung begriffen, trauen uns nur nicht, sie auszuleben. Gott traut uns zu, die Entfernung zu überwinden, ihm näher zu rücken, ihm Partner zu werden. 14/21

Ob der Mensch mit seiner Unvollkommenheit und daher mit seiner starken Suche Gott anzieht? Etwa wie alles Werdende und Wachsende eine Attraktion auf den Menschen ausübt? 14/87

Du hast das Recht, grenzenlos zu denken.
Laß es dir nicht nehmen.
Im Denken hast du die Möglichkeit,
die Enge und Kleinkariertheit
deines Lebens zu überwinden.
Kannst du es erst im Denken,
dann wirst du auch Wege finden,
die Enge im alltäglichen Leben zu überwinden
und erfüllter zu leben.

Man wird dich auf vielerlei Weise
zurückhalten wollen,
dich warnen, dir gut zureden,
dich an deine Pflichten erinnern.
Jemand wird dir sagen: Bleib auf dem Teppich!
Und in dir wirst du hören,
daß du kein Recht hast, daß du spinnst –
und realistisch sein solltest.

Aber du hast ein Recht, grenzenlos zu denken.
Darin wirst du ein Mensch,
der über sich selbst hinauswächst,
der nicht gebunden ist an die Muster,
die ihm jemand vorgemalt hat.
Es gibt keine Regel,
daß du dich an Vorgeprägtes halten mußt.
Denke, was du denkst.
Entdecke deine Muster,
deine Formen, dein eigenes Leben.

Es gibt einen Kampf, der fast täglich in uns ausgefochten wird. Einerseits wollen wir bewußter werden, wollen wissen, was in uns los ist und warum wir gewisse Dinge tun. Wir wollen uns selbst begreifen und nicht immer wieder die gleichen Fehler machen. Wir wollen reifen und uns selbst weniger vormachen. Andererseits haben wir Angst vor diesem Wissen und vor der damit verbundenen Verantwortung. Wir tun alles, um diese Bewußtwerdung hinauszuschieben. Wir bauen gewaltige Theorien auf, ganze Weltanschauungsgebäude, wir beschimpfen die, die diese Bewußtwerdung in uns beschleunigen, wir leiden lieber weiter an uns selbst, um ja nicht an unsere tiefen Probleme herangehen zu müssen. 30/90

Der bewußte Mensch wird nicht in erster Linie von Pflichten, Gepflogenheiten und Gehorsam geleitet, sondern von einer inneren Stimme und Wahrnehmung. Der bewußte Mensch sieht die Notwendigkeit für gewisse Handlungen und tut sie aus dieser Wahrnehmung heraus, und nicht weil es von ihm verlangt wird. Er fördert die Gesellschaft, in der er zu Hause ist, aber nicht weil er Angst hat, sie sonst zu verlieren, sondern weil er damit an seiner eigenen Heimat baut. Er begreift sich in seiner Einmaligkeit und Unverwechselbarkeit als Beitrag zu seiner Gesellschaft und nicht in seinem Gehorsam und in seiner Unterwürfigkeit. Indem der einzelne wächst, wächst auch die Gesellschaft. Sich zu den eigenen Grundrechten zu stellen und aus ihnen heraus zu handeln schafft echtes Leben und ist damit eine soziale Handlung. 33/10

Stark zieht es mich hin zu dem
was langsam gewachsen ist
und seine Wurzeln tief geschlagen hat
was Bestand hat
und um die Schmerzen des Wachstums weiß

So zu wachsen ist mein Wunsch
aber bin ich bereit
die Wunden des Lebens zu empfangen?
Jede Witterung über mich ergehen zu lassen?
Bin ich bereit Schutz zu geben
und selbst meinen Schutz nur bei dir zu suchen?

Wohl möchte ich von innen her leuchten
möchte feststehen und reifen
in dich hineinwachsen
meine Wurzeln tief schlagen
und von dir leben
aber ich weiß
daß der Preis hoch ist 7/21

Du hast das Recht, erwachsen zu werden.
Du brauchst nicht immer wieder
in die alten Rollen hineinzuschlüpfen:
in die Rolle des kleinen Bruders,
in die der gehorsamen Tochter,
in die Rolle des freundlichen Mitspielers,
in die des liebenden Vermittlers,
in die Rolle des schweigenden Dulders,
in die der gelehrigen Schülerin,
in die Rolle der untertänigen Ehefrau
oder in die des starken Mannes.

Du hast die Rollen gewählt,
oder man hat sie dir zugeschoben,
und du hast sie angenommen,
weil es dein Leben leichter machte
und weil andere dann wußten,
woran sie mit dir waren.
Die Rollen entsprachen dir
oder zumindest deiner Angst,
aber entsprechen sie dir jetzt noch?

Du hast das Recht,
diesen Rollen zu entwachsen
und sie zu verweigern
oder sie neu zu füllen.
Du bist nicht mehr fünfzehn oder zwanzig,
du bist nicht mehr angewiesen auf Zuwendung,
für die du manchmal viel geopfert hast.

Du kannst auf eigenen Füßen stehen.
Du bist so fähig wie noch nie,
die Unstimmigkeiten auf dich zu nehmen,
dich zu erklären und zu behaupten
und die anderen herauszufordern
mit der Person, die du jetzt bist.

Wie die Raupe das Recht hat,
ihren Kokon als Schmetterling zu verlassen,
so hast du das Recht,
dich zu erneuern
bis hin zur völligen Überraschung
für deine Umwelt.

Spürst du dein Reifen, deine Entwicklung
und die Freiheit,
deiner Vergangenheit zu entwachsen?
Jetzt ist es Zeit,
dich mit dem, was du weißt,
und mit dem, was du wünschst,
für das Erwachsenwerden zu entscheiden.   33/52–53

Freiräume

Wenn die Seele in einen weiteren Raum vorstößt, erlebt sie zuerst die vermehrte Luftleere und das Unbewohntsein des Raums. Es ist darum nicht verwunderlich, daß wir bei größeren Freiräumen zuerst zurückschrecken.   25/84

Ich halte es nicht aus, und doch...
Über das Leben in der Spannung

Ich bin schon lange auf der Suche nach einer Art Weltformel, nach einem Prinzip, durch das das Leben umfassender zu verstehen ist. Für mich ist der Begriff der Spannung ein Baustein der Weltformel. Wo Leben ist, scheint auch immer Spannung zu sein. Es gibt Pole, Gegensätze, Kontraste. Durch Spannung werden Energien freigesetzt. Die Energie eines Bogens kommt von seiner Spannung. Wir sprechen von Stromspannung, von der Spannung des Anziehens und des Abstoßens. Von der Medizin und Psychologie wissen wir, daß es kein Leben ohne Streß, ohne Spannung, gibt, daß aber wiederum zuviel Spannung Leben zerstört.

Ein anderer Begriff dafür ist Rhythmus. Das Leben besteht aus Spannungen, die sich in einem Rhythmus abwechseln – aus hell und dunkel, aus schwach und stark, aus hart und weich. Es gibt den Rhythmus und die Spannung der Jahreszeiten. Es gibt die Spannung zwischen den Planeten und der Sonne. Wäre die Erde näher an der Sonne, würde sie irgendwann in die Sonne fallen, wäre sie weiter weg, würde sie vor Kälte erstarren. Das Leben ist nur in der richtigen Spannung möglich.

Ich lebe in Spannung zwischen meinen Träumen und der Wirklichkeit. Jede lebendige zwischenmenschliche Beziehung enthält Spannung. Wie gehen wir mit diesen verschiedenen Spannungen um? Halten wir sie aus, und gelingt es uns, die Spannung in Energie zu verwandeln? Oder verkrampfen wir in der Spannung, weil wir davon ausgehen, daß es keine Spannung im Leben geben sollte, weil wir nur Harmonie erwarten? Oder versuchen wir uns auf eine Seite zu schlagen, um die Spannung aufzuheben und das Leben leichter zu machen, werden dabei aber einseitig und entwickeln kein wirkliches Verständnis für das Leben?

Ich bin dabei zu lernen, daß der reife Umgang mit der Spannung mein Leben bereichert und mir mehr Tiefe gibt.

Ich liebe den Mond über dem See,
der das Wasser versilbert.
Ich liebe den Mond
über der Endlosigkeit der Prärie,
in der ich als Träumer nach mir suche.
Einen Moment lang
kann ich loslassen und davonfliegen
in die Welt meiner Phantasie.

Ich glaube, daß ein Rhythmus notwendig ist,
wenn wir dem Geheimnis des Lebens
näherkommen wollen.
Das Leben läßt sich nicht erpressen.
Ich werde ihm nichts abringen.
Die inneren Zusammenhänge
kann ich nur liebend hervorlocken.

Im Wechsel
zwischen Entspannung und Engagement,
zwischen Schlafen und Arbeiten,
zwischen Lieben und Trauern,
zwischen Loslassen und Festhalten
führt der Weg in die Weisheit.

39/16

Lebensgeschwindigkeit
Die Mindestgeschwindigkeit für eine stabile Kreisbahn um die Erde beträgt 7,9 km in der Sekunde. Bei einer größeren Geschwindigkeit wird die Bahn über Ellipse und Parabel bis zur Hyperbel ausgeweitet. Bei geringerer Geschwindigkeit stürzt der Körper ab.

Diese *Mittelgeschwindigkeit* will ich finden, in meiner Bahn um einen geliebten Menschen, um eine gute Idee, um einen gewählten Lebensstil. Ich will weder abstürzen und so einseitig werden, daß ich nichts anderes mehr wahrnehme, noch will ich ins All hinauskatapultiert werden, wo ich die Beziehung zu allem verliere.

Das ist für mich die Lebensgeschwindigkeit. 25/25

Vielleicht ist jetzt nichts so wichtig für dich, als zu erfassen, daß das Leben nicht aus Gegensätzen besteht, die sich bekämpfen müssen. Zwar haben wir es so gelernt, unser Denken ist so aufgebaut, die Welt scheint so zu sein. Aber das Leben ist viel verschlungener, komplexer und differenzierter als alle Systeme und Muster, die wir entwickelt haben. Wir haben sie entwickelt, um das Leben einfacher zu machen, und wir merken, daß wir dabei das Leben selbst verlieren. Wir haben Politik und Religion an die Stelle des Lebens gesetzt. Wir haben uns an Ideologien, Meinungen und Vereinfachungen verkauft und wundern uns, daß wir in ihnen nicht leben können, weil wir selbst mit unseren Eigenarten darin nicht vorkommen dürfen.

Hältst du es aus, das eine nicht zuungunsten des andern aufzuheben und zu verneinen? Kannst du mit der Spannung leben, eins im anderen zu sehen? 30/76

Der Löwenzahn überzeugt mich
die Flügel des Aufwinds zu nehmen
und mit meinem Fallschirm
in Feindesland zu fliegen

Dort zur Erde zu fallen
Füße auf mir zu spüren
unschön zu werden
zu sterben
aber so eine Generation Flieger
ins Leben zu rufen 7/49

Von zwei Seiten gezogen
Einerseits gibt es den Drang nach Ordnung, nach System, nach In-den-Griff-Bekommen. Andererseits die tiefe Sehnsucht, weggerissen zu werden, vom Leben einfach mitgenommen zu werden und die Grenzen und Ordnungen wegzufegen.

Vielleicht sind beide Erlebnisweisen nicht das Ziel. Vielleicht geht es nur darum, die Spannung zwischen ihnen kreativ und bejahend auszuhalten. Elektrischer Strom fließt nur zwischen zwei gegensätzlichen Polen. Wenn die Pole weit getrennt sind, muß der Funke weiter springen und ist dadurch größer.

Die Gefahr besteht darin, sich exklusiv für die eine oder die andere Seite zu entscheiden. Dann gibt es nur noch einen Pol, eine Erlebnisweise, eine Sicht von der Welt. Das Leben ist reduziert und wird zunehmend unlebendiger und enger. Um dann noch Spannung zu erleben, ist es nötig, gegen alles und alle, die die Welt nicht so einseitig sehen, anzugehen. Wer den zweiten Pol in sich vernichtet hat, sucht ihn dann außerhalb, indem er sich die Welt zum Gegner macht. In meiner Sehnsucht nach Lebendigsein treffe ich immer wieder auf diese Spannung, selbst im Kleinen und Unwichtigen, was damit dann nicht mehr klein und unwichtig ist, sondern Trainingsmöglichkeit für die große Spannung wird. Spannung hält uns lebendig. 25/42

Ich leide an mir selbst.
So wie ich mich an mir freue,
so enttäusche ich mich auch.
Ich habe ein Bild von mir und merke,
daß ich dem Bild nicht gerecht werden kann.

Ich sehe, wie ich sein könnte
und wie ich bin.
Ich genüge mir nicht,
und doch kann ich das Bild nicht loslassen.
Ich versuche weiter, der Gute, der Hilfsbereite,
der Aufmerksame und Liebende zu sein.
Wenn es mir nicht gelingt,
leide ich an meiner Unzulänglichkeit.

Ich bin zwei Menschen.
Ich stehe und ich falle.
Ich lache und ich weine.
Ich bin erfolgreich und versage.
Ich habe ein Ziel erreicht
und fange doch erst an. 38/34

Kein Konflikt

Über zwei Dinge bin ich mir klar. Ich will *Gott* nicht verlassen und ich will *mich* nicht verlassen. Ich bin gelehrt worden, daß beides nicht geht, daß diese Aussagen im Konflikt miteinander stehen.

Wenn ich mich verlassen würde (mit dem Gedanken des Sterbens bin ich ja aufgewachsen), wer stünde dann noch zu Gott? Wäre ich das noch? Oder wäre es eine Art Hülle, ein willenloser Mensch, ein nur-gehorsames Etwas? Und wenn ich Gott verließe, würde ich dann nicht alles verlieren, was mir kostbar ist, wäre es nicht der Grund, auf dem ich überhaupt bin, den ich verlassen würde?

Darum: Eins zu wollen ist immer beides zu wollen. Und eins zu verlieren ist immer beides zu verlieren. Meine Liebe zu Gott ist immer Liebe zu mir selbst, und meine Liebe zu mir selbst führt immer zu Gott. 18/88

Weil du dunkle Zeiten kennst,
ist dir nichts mehr selbstverständlich.
Jeder Moment ist kostbar
und jedes Glück ein Stück Himmel.

Langsam schält sich eine Erkenntnis heraus,
wie ein Gedanke, der sich mühsam
zum Bewußtsein durchkämpft,
und liebend und zitternd
legst du deine Arme um diese Erkenntnis:
es ist das Wissen,
daß das Leben aus hell und dunkel besteht,
aus oben und unten, aus jetzt und ewig,
aus allein und zu zweit, aus innen und außen,
und die Gegensätze bestehen nur
in unserer engen Sicht der Welt.
Sie gehören zusammen,
und eins ist nur die Rückseite des anderen.
Sie bilden den Rhythmus,
in dem sich alles entfaltet.

Und so erscheint in jeder Helligkeit
schon bald ein Schatten,
und die Dunkelheit geschieht
auf dem Hintergrund des Lichts,
und zusammen bilden sie den unendlich reichen Teppich
deines und meines Lebens.

Verankert

Eine Insel
mitten im Meer

Festland
in der Gedankenflut

Das Auge
im Sturm

bist du

In täglicher Veränderung
von mir weg
zu mir hin

Insel Erde und Auge
verankert in der Spannung
der Liebe   22/15

Ich wage es,
mich von dir zu lösen,
weil wir beide lernen müssen,
ganz eigene Menschen zu sein.
Erst dann können wir uns
einander wieder in Freiheit zuwenden.

Ich wage es,
mich an dich zu binden
und weiter an dem Begonnenen zu bauen,
auch wenn es zwischendurch
manchmal schmerzhaft und unverständlich ist.

Nur in der Spannung von Freiheit und Bindung
wird das Wertvolle wachsen.
Wir haben nicht das Recht,
über einander zu bestimmen.

Jede lebendige Beziehung
ist Kampf und Fest.
Wir entscheiden,
ob wir einander zerstören oder aufbauen. 27/58

Meine Gefühle

Ich darf meinen Gefühlen nicht trauen. Darf mich ihnen nicht ausliefern. Sie kommen doch von unten, von meiner tierischen Natur. Sind suspekt. Erhobener Zeigefinger. Angst. Unsicherheit. So habe ich es gelernt. So hat man es um mich geglaubt. So höre ich es auch heute noch um mich, auch von denen, die sagen, daß alles neu geworden ist. So habe ich Angst vor mir selbst. So bin ich gegen mich. So bin ich ein zerrüttetes Haus.

... und doch empfinde ich meine Gefühle wie ein Blühen in mir. Knospen, Blüten, Früchte. Ich empfinde Zartheit, Anschmiegsamkeit, Entschiedenheit, die Gewißheit der rechten Stunde. Ich fühle mich wohl. Ich fühle mich alt, jung, reif, neu. Ich erlebe meine Unsicherheit wie ein Gespür für den Rand der Dinge. Ich fühle. Ich fühle mich. Das bin ich. Ich bin auch meine Gefühle. Dazu stehe ich.

Ich habe mich Gott ausgeliefert. Er ist eingezogen und verändert alles mit meinem Dazutun. Er hat meine Gefühle in seinen verändernden Händen. Ich traue den Händen und darum meinen Gefühlen. Ich bin auf dem Weg aus der Angst vor mir. 18/80

Ohne Schwere
würde der Anker das Boot nicht halten.

Ohne Widerstand
würde der Muskel nicht wachsen.

Ohne Spannung
würde der Bogen keinen Pfeil schießen.

Ohne Belastung
wüßten wir nicht die Grenzen der Belastbarkeit.

Ohne Gewicht
bliebe der Same nicht in der Erde.

Ohne Ballast
wäre der Ballon nicht zu dirigieren.

Ohne Schwere
würde ich davonfliegen,
weder Halt haben noch geben
und ohne Verständnis sein
für die Schwere der Welt.   10/41

Weißt du, wer in dir wohnt?
Über Gott und die Gottesbilder

In all meinen Büchern habe ich mich immer wieder mit Gott beschäftigt. Dabei geht es eigentlich nur um Gottes*bilder*, um unsere Vorstellung von Gott und unser Verständnis der Vorstellung anderer. Und doch ist es ein wichtiges Thema, weil wir uns hier auftun für das, was über uns hinausgeht, auch wenn es in uns passiert.

Ich bin mit Gott aufgewachsen, wußte, wie er zu verstehen war und wie ich mich verhalten mußte, aber mein Bild von ihm hat sich im Laufe meines Lebens immer wieder verändert. Auch jetzt stehe ich in großen Umbrüchen. Ich weiß immer weniger genau, wie alles zu verstehen ist, und fühle mich dabei doch nicht ärmer. Ich muß Gott nicht mehr festlegen, ihn nicht mehr aufklären. Und doch beschäftige ich mich viel mit ihm, weil mein Leben auf unbegreifliche Weise mit ihm verbunden ist. So vermute ich wenigstens. So glaube ich es.

Ich habe hauptsächlich Texte ausgewählt, die alte Vorstellungen aufbrechen und versuchen, neue Räume in der Beziehung zwischen Mensch und Gott zu erschließen. Ich merke, daß ich zunehmend nicht mehr mit den Bildern und Vorstellungen leben kann, mit denen ich aufgewachsen bin. Sie basieren zu sehr auf Ängsten, die ich nicht mehr habe oder die ich loswerden will.

Ich ahne, daß ich bis an mein Lebensende nicht fertig sein werde mit diesem Thema und daß sich mein Gottesbild immer wieder verändern wird, so wie ich mich verändere. Darüber bin ich glücklich, auch wenn es Unsicherheit mit sich bringt. Es ist die Unsicherheit, die jedem lebendigen Glauben anhängt.

Im Laufe der Menschheitsentwicklung haben sich die Menschen ganz verschiedene Vorstellungen von Gott gemacht, primitive und hochdifferenzierte, monotheistische und polytheistische, sehr materielle und hochphilosophische. Auch der einzelne erlebt in seiner Biographie einen Wandel seines Gottesbildes. Oft steht am Anfang der bedrohliche Gott, dem man sich ohnmächtig ausgeliefert fühlt, und es ist eine befreiende Erfahrung, wenn man von da aus zu der persönlichen Liebesbeziehung gelangt, wie sie uns von Jesus vorgelebt worden ist und wie sie denen, die an ihn glauben, in seinem Geist ermöglicht wird. Die Entwicklung führt von der Anbetung von Dingen über die Gottesverehrung an bestimmten heiligen Orten und in bestimmten Riten zu einer bildlosen Anbetung »im Geist und in der Wahrheit«. So hat es Jesus einer samaritanischen Frau einmal erklärt. Gott ist weder Gegenstand noch Gestalt noch Bild, sondern Person und Geist. Nicht faßbar und doch lebendes, liebendes Gegenüber des einzelnen. Alle Bilder sind nur menschliche Vorstellungen. Alle Symbole nur Eingang zu der größeren Wirklichkeit Gottes. 17/31

Ziel der Wege Gottes ist Menschwerdung. Vom Schöpfungsbericht bis zum letzten Buch der Bibel wird eine Absicht deutlich: Gott will aus der Verborgenheit und Unsichtbarkeit hervortreten, möchte schließlich mit seinen Geschöpfen wohnen und umfassend Gemeinschaft mit ihnen haben. 17/43

Bei jeder Weiterentwicklung geht es ja nicht in erster Linie um das Zerstören oder Schlechtmachen des Gewesenen. In der gesunden Entwicklung fällt es ab, weil es nicht mehr paßt. Die Entwicklung des Menschen, im reifen Sinne, tritt nie in Konkurrenz zu Gott. Es ist nicht der Wunsch, Gott gleich zu sein, wohl aber der Wunsch, ein eigener, sich seiner selbst bewußter Mensch zu sein. Ich sehe mich in einer Veränderung begriffen. Meine Sicht von mir entscheidet, wie ich mich erlebe, was ich von mir erwarte und letztlich auch wie ich handle. Es geht nicht um die Unabhängigkeit des Menschen von Gott, wohl aber um das Sich-Lösen von der Herrschaft der Angst, die uns an ein primitives Gottesbild bindet, uns unmündig hält und Wachstum und Reife verhindert. 31/18

Ich rufe es mir in meine Erinnerung, wie sehr alles von Gott abhängig ist, wie ich es ihm aber nicht zu sagen brauche, auch nicht will. Allerdings dann manchmal die Frage, warum ich oft das Bedürfnis nicht habe, viel mit ihm zu reden. Beinah als wäre das Reden ein Beweisen-Müssen, was zwischen uns ist. Ich kenne das Nur-sein-Dürfen im Verhältnis zu Menschen, die ich liebe. Verstehst du das, Gott? Kannst du dich da auch wirklich in meine Position begeben, ich als Menschlein? Meinst du, ich mache mir etwas vor? Verstehst du auch, daß ich das noch nicht einmal fragen möchte? Ich wünsche mir ein reifes erwachsenes Verhältnis zu dir. 14/86

Was ist das für ein Gott, der von uns in seiner Überlegenheit oder Sonderstellung bedroht werden kann? Steht er denn auf so wackligen Füßen? Muß er sich mit Regeln, Verboten und Forderungen von Gehorsam schützen? Das sind doch die Kennzeichen von Diktatoren und Tyrannen. Sind es nicht gerade die Regeln und Gebote, die Gott schützen sollen, die eine Verkleinerung und Entwürdigung Gottes darstellen? Dahinter steht doch die Überheblichkeit, daß wir Gott verdrängen könnten. So müssen wir ihn denn vor uns schützen. Wie klein und nur menschlich wäre dann dieser Gott! Ich will nur an einen Gott glauben (sofern ich überhaupt an einen Gott »glauben« will – ich will Gott erleben, ihm begegnen, darum geht es), der mich herausfordert, bis an meine äußersten Grenzen zu gehen; der nicht Angst hat vor meiner Sehnsucht, wie Gott zu sein (»wie Gott zu sein« im Sinne von »Durchblick« und »Verständnis für das Leben«), der meine Entwicklung und mein Hinterfragen wünscht. Einem anderen Wesen, einer anderen Kraft kann ich nicht den Namen »Gott« geben. 25/95

Einige äußere Fehlschläge. Ich bin dann gottbedürftiger, und plötzlich spüre ich in mir die Angst Gott gegenüber, etwas falsch gemacht zu haben. Und mit dieser Angst kommt eine Vorsicht: Ich will lieber auf »Nummer Sicher« glauben, im Denken nichts wagen, Gott nicht herausfordern. So lande ich in kurzer Zeit bei einer magischen Frömmigkeit. Ich will Gott gutmütig stimmen. Andere machen es mit Tieropfern und Riten, ich mache es mit meinem Mich-Zurücknehmen, meinem Nicht-erwachsen-Werden aus Angst. 21/70

Ich bin überzeugt, daß jede echte Berührung mit Gott mich lebensfähiger macht. In meinem Gottesbild ist Gott der, der die Ausbreitung des Lebens wünscht, nicht eines kranken, hilflosen Lebens, sondern eines gesunden, blutvollen Lebens. Jedes Gebet, jedes Gespräch mit Gott, jedes Erleben seiner Nähe, seiner Zuwendung macht mich darum lebensfähiger. Wenn es das nicht tut, weiß ich, daß ich in einer ungesunden Weise mit ihm lebe und umgehe.

Ein Vergleich: Eine Liebesbeziehung macht uns fähiger zu lieben, das Leben, die Welt, uns selbst zu lieben. Wo eine Liebesbeziehung das nicht in uns auslöst, ist sie krank. Wo sie uns eine längere Zeit den Weg zum Leben verschließt, uns exklusiv werden läßt, uns unfähiger macht, nach dem Motto: »Ohne dich kann ich nicht leben«, ist sie krank. Hier merken wir vielleicht die Krankheit noch, aber in der Beziehung zu Gott meinen wir, daß es in Ordnung ist. Warum? Leben ist Leben, lebensfördernd ist lebensfördernd. Gott kann nicht einerseits von mir erwarten, daß ich erwachsen und reif werde, und andererseits mich an sich binden, daß ich nicht besser mit dem Leben umgehen kann, sondern mit jeder Kleinigkeit wie ein kleines Kind zu ihm gelaufen komme. Ich verweigere mich einem solchen Gott. Das hat nichts mit Hochmut und Überheblichkeit zu tun, sondern mit einem Ernst-Nehmen Gottes, welcher der Gott des Lebens ist, von dem ich glaube, daß er mich reif und lebendig wünscht.

Wo ich mich nicht so verhalte, würdige ich Gott zu einer Droge herab, und er hört auf, mein Kommunikationspartner zu sein. Er ist der Retter vor dem Unheil, aber nicht der Befähiger, selbst mit dem Unheil umzugehen. Ich »liebe« Gott zu sehr, wenn es mich innerlich zerstört und lebensunfähiger macht.

31/32–3

Größe ist eine Frage der Relation. Wenn ich mich kleiner mache, dann wird alles größer um mich in der Relation zu mir. Es wird zwar nicht größer, aber in Relation zu mir wächst es. Ich glaube, daß wir manchmal Gott so gegenübertreten. Wir machen uns klein, um Gott größer zu machen. Das Sich-selbst-klein-Machen ist für mich eine Form von Werkgerechtigkeit und der Versuch einer Manipulierung Gottes. In der griechischen Mythologie wurden häufig die Menschen, die herausragend waren, von den Göttern bestraft, weil die Götter neidisch auf sie waren oder sich gefährdet sahen. Die Menschen mußten wieder an den ihnen gemäßen Ort zurückgeschickt werden.

Nun Gott erst gar nicht »herauszufordern«, sich zurückzuhalten, klein und anspruchslos zu sein, sich selbst nichts zu gönnen, keine Meinung oder keinen eigenen Willen zu haben, das sind Ausdrücke dieses Glaubens. Wir versuchen Gott bei guter Laune zu erhalten, ihn uns gegenüber gütig zu stimmen, damit wir ihm nicht auffallen durch unser Profil und er uns dann nicht heimsucht. Es gibt ja sogar einen gewissen Ton im Gebet, der wie ein gütiges Zureden Gott gegenüber ist. Man demonstriert seine Demut, damit Gott sie dann nur noch belohnen kann.

Dieses Gottesbild will ich verlassen. Ich will mich in keiner Weise mehr schlechtmachen. Es gehört nicht mehr zu meinem Glauben, daß ich meine Schlechtigkeit und Unzulänglichkeit betone. Es macht für mich Gott kleiner, wenn er diese Reduzierung des Menschen nötig hat. Gott ist nicht größer, wenn wir klein und armselig sind. Für mich sind darum auch die Gebetsformen, die diesen Abstand schaffen, nicht mehr von Interesse. In sich ständig wiederholenden Formen Gott um Gehör zu bitten oder um Gnade, als wollte oder könnte er nicht hören oder als wäre er mir nicht ganz zugewandt, das ist für mich darum nicht mehr sinnvoll. Wenn ich so beten würde, wäre es für mich Geplapper, das mich und meine Beziehung zu Gott entwürdigt und mich zurückstößt in eine Gottferne.

Ich sehe dahinter die alte Angst, daß man durch die eigene Stärke den Starken herausfordert, seine Stärke zu beweisen. Ich weiß inzwischen, daß meine Stärke Gott nicht bedrängt oder herausfordert. In meiner Stärke ist er stärker, in meinem Wachstum ist er gegenwärtig. Wir sind nicht mehr zu trennen und gegeneinanderzustellen. Wir gehören zueinander. 31/39–40

Du, ohne Namen, ich komme
und bete mit immer weniger Worten.
Ich bin, vor dir,
du bist in mir.
Wir sind.
Das reicht.
Das soll bleiben, immer.
Zwei Offenheiten, die ineinanderfließen.
Wir. Ich/Du. Ich. 14/249

Es könnte sein,
daß Gott vor dir flieht,
wenn du zu ihm fliehst,
weil er mehr sein will
als nur deine Zuflucht.

Er traut dir mehr zu,
legt die Verantwortung auf deine Schultern,
läßt dich die Entscheidungen treffen,
hilft dir nicht aus der Not,
überläßt dich deinem Zweifel.

Und wenn du dann nicht mehr
bei jeder Kleinigkeit zu ihm hinfliehst,
sondern in voller Verantwortung im Leben stehst,
da wo du bist,
steht er neben dir,

versteckt in der Zuwendung eines Freundes,
getarnt als deine erfinderische Gabe,
verkleidet in den rechten Moment,
verborgen in den Umständen,
und wohnt in jeder deiner Zuflüchte.

Ich will keine Gnade,
keine Herablassung,
nicht von Menschen und Gott.
Ich will die Begegnung der Augen,
das Geben der Hände,
das Austauschen von Herzensworten.
Ich will nicht mehr die Sprüche,
an denen man erstickt,
nicht mehr das Mitleid
und das künstliche Verständnis.

Mit Gefühl und mit Sinnen
gehe ich in die Welt in mir und um mich.
Nur so habe ich Hoffnung,
dich und mich zu finden
in der verwilderten Landschaft
der Sinnlosigkeit. 23/32

G. wird wieder an der amerikanischen Grenze abgewiesen. Wir versuchen es ein fünftes Mal. Für sie hängt viel daran, weil sie sonst ihren Rückflug nach Z. nicht antreten kann. In den gespannten Momenten merke ich in mir die Tendenz zu beten, Gott zu bitten, daß alles klargeht. Ich verweigere mir diesmal das Gebet. Heute wäre es eine Art Unglauben, daß Gott nicht alles wirklich in der Hand hat. Ich muß ihn zu etwas bewegen. Ich bete nicht und übe mich, eine Haltung zu haben, die Gott ergeben ist, die auf den Rhythmus achtet. Ich will mein Sein beten lassen. 21/129

Ich habe nach einer Lesung wieder eine Reihe Prüfungsfragen vorgelegt bekommen. Meine Antworten werden gegen einen objektiven Maßstab auf ihre »Rechtgläubigkeit« hin gemessen. Obwohl ich von Erleben gesprochen habe, mißt man es nach dogmatischen Gesichtspunkten. In den Augen meines Prüfers erlebe ich: »vermutlich falsch«. Nicht nur die Deutung, sondern auch das Erleben selbst ist dann dem Gesetz unterworfen, und auch das wird noch Evangelium genannt. 14/319

Bei Kepler lese ich: »Mein höchster Wunsch ist es, den Gott, den ich im Äußeren überall finde, auch innerlich meiner gleichermaßen gewahr zu werden.« Die Naturwissenschaft als Weg zu Gott! Das gegeneinander Ausspielen von Glaube und naturwissenschaftlicher Forschung ist Zeichen einer fehlenden Übersicht. Und wo die Übersicht fehlt, rückt meistens Gewalt in die Lücke. Als Kepler 29 Jahre alt ist, wird Giordano Bruno, weil er das Weltbild von Kopernikus vertritt, auf dem Scheiterhaufen verbrannt. Ein paar Jahre später kann sich Galilei nur durch einen Widerruf vor dem Scheiterhaufen retten und dann den Rest seines Lebens im Hausarrest zubringen. 14/134

Ich höre Lieder von Patti Smith und bin von ihrem Leid und ihrer Sehnsucht berührt. Manche Christen würden ihre Texte als blasphemisch empfinden. Ich aber sehe gerade in ihrer Intensität ihre Suche. Der verzweifelte Fluch Gott gegenüber ist dann Gebet. Das oberflächlich und lässig formulierte Gebet ist dann der eigentliche Fluch, die wahre Blasphemie. 21/64

Ich war deine Tochter. Ich habe deinen Gott in mich aufgenommen als meinen Gott, als ich klein war. Erst viel später habe ich gemerkt, daß das nicht mein Gott sein konnte. Und weil es so tief in mir geschah, konnte ich dir noch nicht einmal die Schuld geben. Ich machte es ja mit mir selbst. Darum konnte ich mich nicht von dir lösen, ohne mich selbst zu zerfleischen. Darum ist es ein so langer Weg gewesen, bis ich jetzt da bin, wo ich bin. Inzwischen weiß ich, daß nichts uns so zerstört wie das Fremde, das wir in uns aufnehmen und von dem wir glauben, es sei unser Eigenes.

Ich verfluche das System, das dich zu dem Menschen gemacht hat, der du meintest sein zu müssen. Ich verfluche die Verachtung des Menschen zugunsten eines Gottes, eines menschenfressenden Gottes, der den Menschen nur knechtet und dem der Mensch dann noch mit Liebe dienen soll. Ich verfluche die Art von Frömmigkeit, die sich mit der Liebe und Rechtgläubigkeit brüstet und dabei den Menschen rechts und links kaltschnäuzig verurteilen kann. Ich verfluche nicht dich, dich liebe ich immer noch, auch auf meine verworrene Art, aber ich trauere dem nach, was alles zwischen uns hätte entstehen können. Ich trauere der Nähe nach, die fast nie über die Anfangsstadien hinaus gelang, weil du dich dann schon wieder in der Rolle des Vaters, des Wissenden, des Propheten, versteckt hast. Ich trauere der Liebe nach, die ich für dich hatte und die dich nie erreicht hat, weil du sie nicht annehmen konntest, und für die ich dann keine andere Form fand, die ich mit gutem Gewissen leben konnte. Ich trauere uns beiden nach. 34/45–6

Wenn das Fleisch wieder Wort wird (abstrakt, Buchstaben auf dem Papier), wenn der Weg nicht mehr ein Mensch ist, sondern eine durch Regeln und Gesetze markierte Verengung des Lebens, wenn die Wahrheit nicht mehr ein Mensch ist, sondern die Definition von richtig und falsch, wenn das Leben nicht mehr Lebendigsein ist, sondern der risikolose Versuch, fehlerlos seine Zeit abzusitzen, dann weiß ich, daß ich es mit Religion zu tun habe und nicht mit dem, der durch sein Leben die Religion zerstört und überflüssig gemacht hat und uns so von ihr befreit hat. 14/48

Die Verwandlung Gottes in einen Götzen ist einfach. Wir brauchen nur auf der Stufe der magischen Frömmigkeit stehenzubleiben und Gott mit Formeln anzusprechen, ihn als Vertragspartner zu behandeln. Dann wird er sich in uns verändern, wird schrumpfen, uns mit bitterer Miene verfolgen, herumschnüffeln in unserem Leben, uns den Spaß verderben und das Leben abdrosseln. Dagegen gibt es nur eins: den Gott, der die Züge eines Götzen annimmt, zerstören. 14/135

Gott aus seinen ungöttlichen Fesseln befreien. Leidet er nicht daran, daß wir ihn so klein, schulmeisterlich, spielverderberisch und moralisch sehen? Trauen wir doch seiner neuen Gestalt. Vielleicht gibt es nur eine Form des Gehorsams Gott gegenüber: seinem Leben in uns zu folgen und ihn darum von seinem lächerlichen Thron zu stoßen, weil das Wesen auf dem Thron nur ein Darsteller (impersonator) ist. 21/70

Gott, lange hattest du keine Chance gegen den Gott der Bibel, der in mir ist, dorthin plaziert von den Worten, Handlungen und Gesten derer, die meinten für mich glauben zu müssen. Ich laste es ihnen nicht an. Sie haben ihren Glauben so verstanden und darum auch so gelebt. Ich klage höchstens mich selbst an, daß ich mitgemacht habe. Aber als ich es tat, konnte ich auch noch nicht anders. Ich habe nicht weiter gesehen, habe nicht tiefer verstanden, was für mich möglich war. Darum klage ich mich auch nicht an, ich nehme mich so an, wie ich war.

Aber jetzt erlebe ich mich anders. Ich durchschaue auch manche Abläufe und will darum nicht mehr an ihnen teilhaben. Ich bin dabei, den Bereich des Liebseins zu verlassen und erwachsen zu werden. Ich weiß, daß ich die alten Bilder von dir mit neuen Bildern ersetzen werde, und hoffe, daß die neuen Bilder größer sind, weitläufiger, lebensfördernder. Daß sie mehr einschließen als ausschließen, daß sie offen bleiben, damit du dich auch in ihnen bewegen kannst, weil sie dich nicht festlegen auf gewisse Haltungen und Handlungen. Ich will dich nie wieder so fest haben, wie ich dich einmal hatte. Ich will unsicherer sein, wenn von dir die Rede ist, ich will zurückhaltender sein, schweigsamer. Ich will versuchen, dich bildlos zu denken und auszuhalten.

Meine früheren Freunde werden sagen: Ja, sie macht sich einen Gott nach ihrem Bild. Und ich werde es nicht bestreiten, weil es stimmt. Aber ich weiß, daß auch sie sich einen Gott nach ihrem Bild gemacht haben. Wir können nichts anderes. Aber ich weiß, daß mein Bild von dir sich ändern muß, wie ich mich ändere. 34/65–67

So demütigt euch unter die gewaltige Hand Gottes«, heißt die Losung für heute. Ich höre in mich hinein, ob ich das nötig habe, ob mir das in meiner Beziehung zu Gott fehlt, und höre ein »Nein« in mir. Angst trennt mich von Gott, nicht fehlende Demut. Vielleicht lebte Petrus auch in einer gewissen Angst, wählte aber die andere Lösung: Gott gütig stimmen durch Unterwerfung. Ich glaube nicht, daß Gott unsere Demut nötig hat, um seine Allmacht zu erleben. Demut ist darum oft die Entschuldigung, profillos zu leben. 21/122

Ich empfinde jede Lehre, die Glauben und Leben trennt, als eine Irrlehre, als eine Lehre, die in die Irre führt. Darum: die ganz feinen, subtilen Trennungen, die Vorprogrammierungen für spätere Trennungen, die versuchsweise ausprobierten Trennungen entdecken, entlarven. Kein Wunder, daß ich mich mit meinem bunten Leben, mit allem Schönen und Schweren in der Lehre mancher nicht wiederfinde. 14/74

Ich glaube nicht, daß Gott an Duplikaten von sich selbst interessiert ist. Sonst hätte er uns ja so schaffen können. Er ist interessiert an Originalen, die ihren ganz eigenen Weg gehen und die durch ihre Selbständigkeit, Eigenart und ihre getroffenen Entscheidungen zu einem Gegenüber für ihn werden können. 25/38

Wir fangen mit »Fleisch« an, unserem Fleisch, unserer Not, unserem Schmerz, unserem Versagen, und verwandeln dieses Fleisch in »Wort«, aber nicht das Wort, von dem es heißt, daß es Fleisch wurde, sondern in ein Wort aus Buchstaben (nicht aus Blut und Atem). Und jeder Buchstabe legt sich wie eine Schlinge um unseren Hals und erdrosselt uns. Erschütternd freiwillig begeben wir uns unter die Herrschaft dieser Buchstaben, lassen uns gefangensetzen, weil die Angst vor der Freiheit noch größer ist als die vor der Trockenheit der Buchstaben. Lieber die Enge, die wir kennen, als die Weite, die wir nicht kennen. Und so löst sich langsam das Fleisch von unseren Knochen. Atrophie setzt ein. Unser Leben bildet sich zurück. Aber es ist nicht das Abnehmen, damit er zunimmt, sondern ein erbärmliches Vertrocknen. Der ungeheure Reichtum des Lebens, die Buntheit, das Blühen und Wachsen, die Verwandlung des Lichtes in die Vielfalt der Farben, all das bleibt links liegen, und langsam meinen wir sogar es verachten zu müssen, als Selbstschutz, weil das Vertrocknende durch das Blühende verunreinigt werden könnte. Für den Tod ist das Leben immer unrein. Und so wird mit Buchstaben die große Verneinung des Lebens gebaut. 14/136

Mancher Leute Abwehr gegen Gott ist eine Form von Glauben. Der Glaube mancher Leute ist eine Art Abwehr Gott gegenüber. 14/313

Er umgibt uns mit unglaublicher Sanftheit,
tritt uns nahe mit Schweigen,
ist im Wind des wellenden Grases,
im Gelb und Blau und Rot
und den Millionen Schattierungen.

Er fällt tief hinein in unsere Seele,
richtet in uns die Freude auf,
fast unmerklich und doch stark;
pflügt die Furche,
in die er den Samen wirft,
der aufgeht und zu ihm hin wächst.

Er breitet sich aus wie ein Ton,
wie ein Lachen,
wie ein Wort,
aus dem die Welt entsteht.

Er ist ein Wunder der Annäherung
in Sanftheit und Kraft.
Er ist da! 10/13

Vielleicht ist das Reich Gottes inwendig in uns, in mir, für den anderen besser zu erkennen als für mich selbst. Vielleicht hält uns eine falsche Demut davon ab, Gottes Größe und Allgegenwart zu erkennen. Wieder einmal wären wir dann unsere ärgsten Feinde. Gott lieben lernen hieße dann seinen eigenen Wert erkennen. 14/152

Mich öffnen für die Freude, die unbändige, die überraschende, die durch das Leben zieht und sucht, auf wen sie sich niederlassen kann. Aber wir müssen uns empfangsbereit machen; gerade inmitten unserer Angst und Unruhe der Freude einen Landeplatz vorbereiten. Wenn wir es nicht tun, kann es sein, daß die Freude sich bei uns niederläßt, wir sie aber nicht erkennen. Wir beherbergen Engel und wissen es nicht. Die Vorbereitung ist das bewußte Auftun des Herzens. Und was ist das Auftun des Herzens anderes als das Erkennen, daß alles in uns auf die Gegenwart Gottes wartet! 14/138

Er schafft die Sehnsucht in dir,
   daß du manchmal fast vergehst.
Er läßt dich das Paradies denken,
   auch wenn du noch nicht hinein kannst.
Er läßt dich unruhig werden,
   so daß du wieder auf Wanderschaft gehst
   durch die tausend Gedanken der Welt.
Er ist es, der dir die Unzulänglichkeit in allem zeigt,
   weil nur ein Bild und eine Gegenwart
   die Sehnsucht in dir stillen soll.

Er teilt das Warten aus
   wie ein Geschenk und ein Gewicht,
weil nur er es sein will,
   der unseren Hunger stillt. 10/18

Für mich ist die Rolle des Menschen, der sich Gott unterwirft, nicht mehr diskutabel, weil sie aus Angst entstanden ist. Ich will Gott nicht mehr auf der Basis irgendeiner Angst begegnen, weil ich weiß, daß die Angst die Liebe zerstört und Abstand schafft. Auch ist Beziehung nur in dem Maße möglich, wie zwei Wesen eigenständig und auch zu einem gewissen Grade unabhängig voneinander sind. Ich will mich also auf mich konzentrieren und zu der reifen Persönlichkeit werden, die ich werden kann. Dadurch wird es immer mehr möglich, Gott ein Gegenüber zu werden, das nicht nur sein Glück darin sieht, ganz von Gott abhängig zu sein.

Ich weiß, daß es unter unseren Vorfahren viele gegeben hat, die in der Abhängigkeit des Menschen von Gott das höchste Glück des Menschen verstanden. Ich denke an Kierkegaard, dessen Gedanken mir sonst sehr wertvoll sind, aber wenn er schreibt: »Gottes bedürfen ist des Menschen höchste Vollkommenheit«, dann scheint er mir hier noch gefangen zu sein in einem Gottesverständnis, das den Menschen in seiner Würde nicht ernst genug nimmt. Die Selbständigkeit des Menschen, so wie ich sie verstehe, trennt den Menschen nicht von Gott, sondern macht eine vorher nie dagewesene Nähe von Mensch und Gott überhaupt erst möglich. Wenn meine Kinder, die mich als Kinder brauchen, weil sie von mir äußere und innere Zuwendung bekommen, später selbständig werden, können sie mir gerade in ihrer Selbständigkeit auf eine ganz neue und tiefe Weise begegnen. Ihre Liebe ist viel mehr als nur Dankbarkeit für meine Versorgung. Sie ist ihre frei entschiedene Zuwendung, weil sie sie mir geben wollen, nicht weil sie sie mir schulden. Das Gefälle zwischen ihnen und mir ist fast verschwunden, auch wenn sie immer noch meine Kinder sind und es auch bleiben werden. Unsere Beziehung wird nicht mehr von dem Gefälle her verstanden.

So möchte ich mit Gott leben. Ich will nicht so tun, als gebe es das Gefälle nicht, aber ich will unsere Beziehung nicht mehr von daher verstehen, weil es nicht Zentrum unserer Beziehung ist. Die freiwillige Liebe zwischen Gott und mir steht im Zentrum, und es ist sie, die unsere Beziehung prägt und bestimmt.   31/26

Du hast das Recht,
dich als Partner Gottes zu sehen.
Diese Welt ist dir anvertraut.
Wird sie blühen oder sterben?

Deine Unterwürfigkeit,
deine falsche Demut,
in der du dir nichts zutraust
und damit die Verantwortung abgibst,
wo du sie eigentlich hast,
gefährdet diesen Planeten.

Gott ist nicht gegen den Menschen
und der Mensch nicht gegen Gott.
Es ist Zeit,
daß wir begreifen,
daß wir zusammen
diese Welt erhalten können.   33/26

Gott als Götze

Gott trägt in sich die Möglichkeit, für seine Arbeiter und Nachfolger zu einem Götzen zu werden. Vielleicht ist das Anbeten und Nachfolgen schon der Beginn des Götzendienstes. Es hat im Christentum viele Bewegungen gegeben, die ihre Mitglieder nicht herausgefordert, sondern es ihnen ermöglicht haben, durch ihren Glauben selbst nicht mehr weiter zu wachsen, sondern die Verantwortung und »Vollkommenheit« auf Jesus zu projizieren und nur in ihm zu sehen. Er ist der Vollkommene und damit der Unerreichbare. Der Nachfolger konzentriert sich dann nur noch auf seine Unvollkommenheit, auf seine Sünde, wird immer hilfloser und meint, durch seine Hilflosigkeit und Bedürftigkeit Gott immer mehr zu verherrlichen.

Ich sehe darin ein Todesprinzip, so fromm es sich auch gebärden mag. Gott befähigt zum Leben. Wo ein Mensch nicht freier und lebensfähiger wird, folgt er einem Götzen. Ich möchte das als einen Götzen bezeichnen, was uns nicht zu uns selbst und zur Erfüllung unseres Potentials finden läßt. Es geht mir hier nicht um ein simples Lust-und-Laune-Prinzip, sondern um ein erfülltes Leben, zu dem der Begriff des Opferns genauso gehört wie der der Konzentration auf den eigenen Weg. Ich will keinem Gott mehr folgen, der mich lebensunfähiger macht, der mir die Lebensfreude nimmt und der meine Unterwürfigkeit wünscht. Meine Liebe ist ein Willensakt, wie auch seine Liebe zu mir eine Entscheidung ist – ich kann seine Liebe nicht fordern, so wie er meine nicht fordern kann. Zwei Wesen treten sich in Freiheit gegenüber. 31/36

Es gibt Tage, an denen ich spüre,
daß du nicht willst,
daß ich mich an dich hänge,
weil du mich haltlos willst,
ausgeliefert und ungetröstet.
Du willst mich Verlassenheit fühlen lassen.
Du entziehst dich, wenn ich nach dir greife.
Du läßt dich nicht finden,
wenn ich nach dir suche.
Du antwortest nicht, wenn ich rufe.

Du willst nicht mehr unsere Rollen:
du, als tröstender Gott,
ich, als trostbedürftiger Mensch.
Du willst mein Erwachsensein.
Dann begreife ich,
daß ich auf mich gestellt bin,
daß du die Entscheidungen
in meine Hände legst,
daß du mir mein Leben überläßt,
weil du mir traust,
und ich gewinne Festigkeit in mir,
aus deinem Vertrauen zu mir.

Ich gehe aufrecht, als dein Freund.
Ich lerne mich neu kennen.
Ich bin mir nah und höre dich sagen:
Du weißt mehr, als du meintest zu wissen.

Ich freue mich über das Undenkbare,
was jetzt Gestalt in mir gewinnt.

25/81

Ich merke, daß ich beim Schreiben dieser Wahrnehmungen davon ausgehe, daß Gott nicht eine vom Leben gesonderte Spiritualität will, sondern meine Fähigkeit begrüßt, ihn gerade da zu sehen, wo er abwesend zu sein scheint, ihn aber auch da nicht unbedingt zu erwähnen, herbeizuzerren, sondern das Alltägliche so zu durchdringen, daß er vielleicht sichtbar wird, mehr als Nachgedanke, oder Unter-Allem-Gedanke, Hinter-Allem-Gedanke, als Grund und Feste allen Seins. So wie wir uns kaum je darüber auslassen, wie fest und tragend doch die Erdkruste sei. Wir gehen einfach auf ihr und beweisen mit jedem Schritt unseren Glauben an sie. 14/38

Ich möchte die Gegenwart Gottes mehr spüren; daß er mein ganzes Leben durchdringt. Alles lebt aus ihm und zu ihm hin, trotz aller Verirrungen. Das möchte ich voller erfassen. Dagegen kommt es mir fast primitiv vor, Gott ständig zu versichern, daß ich ihn liebe (zumal er weiß, was ich für ihn empfinde), daß ich ihn spüre (so als wäre er erst gegenwärtig, wenn ich ihn als gegenwärtig erlebe); wenn ich ihm sage, was er tun soll (wenn ich das sogar in Kleinigkeiten oft nicht mehr weiß; früher wußte ich besser, was in der Welt zu tun wäre). Primitiv ist vielleicht zu stark. Überflüssig ist vielleicht passender. 14/21

Schon das eigene Dasein als Lob Gottes verstehen   21/123

Kannst du dir vorstellen,
daß er dir begegnen will?
Aber nicht von oben herab,
nicht nur als Helfender
dem Hilflosen,
nicht nur als Allwissender
dem Dummen,
nicht richtend,
nicht nur als Bemitleidender
dem Bemitleidenswerten,
und nicht nur als Abhörer deiner Gebete.

Wäre das nicht deine Chance
vor ihm,
nicht mehr unten,
nicht mehr hilflos,
nicht mehr dumm,
nicht mehr gerichtet,
bemitleidenswert und flehend,
sondern Freund
zu sein? 31/41

Wir wollen doch Angst vor Gott haben. In der Angst erleben wir Grenzen, die uns Festigkeit geben. In der Liebe erleben wir Grenzenlosigkeit häufiger. Aber Gott hat sich doch für die Liebe entschieden. Ist die Angst die Entscheidung gegen Gott? 21/78

Ist Gott in meinem Leben gegenwärtiger, wenn ich sage, daß er gegenwärtig ist? Ist er näher, wenn ich ihn herbeibitte? Gibt es überhaupt den Komparativ in diesem Bereich? Gegenwärtiger, näher? Ist er nicht einfach *da*, wenn er sagt: Ich bin bei euch alle Tage? Was heißt darum »gegenwärtiger«? Vielleicht ist Ihn-näher-haben-Wollen nur ein Spiegelbild unserer Glaubenslosigkeit, daß er wirklich da ist, da, in allem Einerlei unseres Lebens. Kann nicht auch das Schweigen Gott gegenüber eine Tat des tiefsten Glaubens sein? Ich rede ihn nicht an, ich bitte ihn nicht herbei, ich lobe ihn nicht demonstrativ; ich stehe in der Hoffnung und in dem Glauben, daß er so verwoben ist mit mir und meinem Leben, daß wir unzertrennlich sind, daß er schon längst gerade das tut, was ich mir wünsche: nämlich mir nahe sein; daß nichts, nichts in meinem Leben ohne sein Dasein und sein Dazutun geschieht. Ich gehe einen Schritt weiter: Mein Verneinen seiner Gegenwart, mein Nicht-Spüren seiner Nähe, meine Indifferenz verändert nicht seine Entscheidung, mir beizustehen. Wenn ich bete, dreht sich darum immer alles um die Veränderung, die in *mir* geschieht.

14/20

Es könnte sein,
daß, wenn du vor dir fliehst,
du nicht bei Gott ankommst,
weil er bei dir geblieben ist.

Es könnte sein,
daß Gott nicht haben will,
was du opferst,
weil es sein Geschenk an dich war.

Es könnte sein,
daß Gott nicht mitweint,
wenn du dir leid tust,
weil er dich mit Lachen heilen will.

Es könnte sein, daß Gott umstürzt,
wenn du dich an ihn lehnst,
weil du in dem Moment
keine Anlehnung mehr brauchst.

Es könnte sein,
daß Gott keine Worte mehr von dir will,
wohl aber dein Wesen,
da, wo es durchblutet ist.

Ich steige auf meinen letzten Gedanken. Unter ihm sind tausend andere. Da stehe ich auf dem Turm der Gedanken und bin frei. Ich kann sie alle verlassen, wenn ich will. Ich kann etwas Neues denken, etwas ganz anderes. Ich habe noch genug Beweglichkeit im Gehirn. Vielleicht nenne ich Gott »Mutter«, weil ich weiß, daß alle Bezeichnungen nur Bilder für Gott sind und nicht Gott selbst. Oder ich stelle mir vor, daß mein Herzschlag Gottes Herzschlag ist. Oder ich werde ein Stein von unendlicher Schwere. Oder ich öffne eine Tür und bin bei Gott. Oder ich höre Farben. Auf alle Fälle akzeptiere ich nicht das bisher Gedachte als meine Denkgrenze. Aber um alles das tun zu können, hilft es mir, zu glauben, daß Gott mein Denken mag. Daß er auch denkt und wir in seinem Bild geschaffen sind. Gott, ich habe mich zu dir hingedacht, nicht von dir fortgedacht. Und du denkst dich zu mir hin. Wir treffen uns im Denken. 21/118

Vielleicht ist Gott viel menschlicher (und Barth irrt, wenn er Gott den »immer anderen« nennt), als wir wahrhaben und akzeptieren wollen. Und jedesmal, wenn wir versuchen, »göttlicher« zu sein, um uns Gott zu nähern, verpassen wir ihn, weil er sich uns nähert, sich uns schon genähert hat in Bethlehem, Nazareth, Jerusalem. Dann heißt »Ja«-Sagen zu sich selbst sich Gott nähern und erst aus dem Sich-Nähern heraus sich verändern in den vollkommenen Menschen hinein. 14/139

Wenn du fällst,
fällst du in Gottes Arme.
Wenn du liegst,
liegst du in den Händen Gottes.

Aber
wenn du dich aufrichtest,
werden deine Augen
den Augen Gottes
gegenüber sein. 31/55

Ich bin umgeben
von einer gefüllten Stille.
Gott geht nicht mehr ein und aus.
Er spricht nicht und schweigt nicht.
Weder richtet noch begnadigt er.
Er ist nicht innen oder außen.
Er ist nicht menschlich oder göttlich.

Ich weiß nichts und bin doch nicht unwissend.
Ich bin weder frei noch gefangen.
Ich besitze nichts und bin doch reich.
Ich bin nicht schuldig und nicht unschuldig.
Ich bin erfüllt von der Stille
und merke das Ende der Worte.

Alle Grenzen sind künstlich. 31/103

Ich suche dich
Über Beziehung

Ich kenne keinen Menschen, dessen Leben nicht stark von Beziehungen betroffen ist. Wenn es im Bereich der Beziehungen bei uns stimmt, dann sind wir meistens glücklich oder können zumindest andere Nöte ertragen. Wenn unsere Beziehungen nicht stimmen, reicht auch alles Gute sonst im Leben nicht aus, um uns glücklich zu machen.

Wir sind auf Beziehung angelegte Wesen, manche mehr als andere, aber fast alle brauchen wir Menschen, um unser Leben zu leben. Auch sind wir meistens nicht zufrieden mit nur oberflächlichen Beziehungen. Wir suchen Tiefe, wir wünschen uns Verständnis, wir haben Sehnsucht nach Zuwendung, Liebe und innerer Heimat beim anderen.

Ich habe Texte ausgewählt, die die Bandbreite von Beziehungen zumindest berühren – von dem Glück des Verliebtseins und der Verzauberung der Welt bis zu dem schmerzhaften Loslassen eines Menschen und dem Wachsen durch feste Entscheidungen. In Beziehungen gibt es unendlich viel zu lernen, wenn wir einander nicht zerstören wollen, uns aber auch nicht begnügen wollen mit einer Imitation von Nähe und Zuwendung. Es ist so leicht, im Namen der Liebe die dümmsten Fehler zu machen und Haltungen zu entwickeln, die genau die Liebe unmöglich machen.

Ich will darum darauf achten, daß meine Liebe nicht im Vorfeld der Projektionen und Täuschungen steckenbleibt. Ich will lernen, was es heißen kann, mich durch reife Liebe wirklich befreien zu lassen und zu befreien. Die folgenden Gedanken sind über Jahre hin auf diesem Weg entstanden.

Ich suche deine Seele,
deine innere Heimat,
dein verletzbares Herz.
Ich suche Einlaß in dein Leben,
damit wir teilen können:
unsere Ängste,
um sie zu halbieren;
unsere Freuden,
um sie zu verdoppeln.

Ich möchte Begegnung erleben,
das »Du« und »Ich« erfahren,
dieses innere Treffen,
von dem wir beide zehren können
in den Zeiten fliehender Hoffnung.

Gewährst du mir Einlaß
durch deine Augen?
Nimmst du mich wahr
in meinen Worten?

Machst du auf?
Ich suche dich. 26/36

Wenn du wirklich *mich* kennenlernst, dann wirst du auch dich immer besser kennenlernen. Und wenn du dich kennst, wirklich kennst, dann werde ich kein Fremder für dich sein. 24/33

Ich bin berührt worden

Ich spüre in mir eine Regung,
die ich nicht kenne.
Ich bin berührt worden in meinem Inneren.
Es ist etwas losgegangen.
Es ist ungeheuerlich schön,
und doch habe ich Angst davor.
Aber ich will, daß es weitergeht.
Doch schaffe ich es, damit umzugehen?

Nie habe ich mich so gefühlt.
Ich habe nicht gewußt,
daß das Leben so sein kann.
So tief und ergreifend.
Aber kann ich so leben?
Kann ich so noch ganz normale Dinge tun?
Kann ich jemals wieder normal leben? 20/18

Ich habe diese Art
glücklichen Vertrauens
vorher nicht gekannt.

Ich habe mir immer alles erarbeitet,
auch das, was nur als Geschenk
zu haben ist.

Darum stehe ich jetzt hilflos
vor deiner Liebe,
mit meinen zwei linken Händen,

und bin doch froh. 20/19

Jeder Quadratzentimeter Haut
an deinem Körper
bietet Möglichkeit der Kontaktaufnahme.
Die Nervenenden nehmen die Berührung auf,
leiten sie weiter
an die Seele und den Geist,
wo sie übersetzt werden
in Zuwendung und Würdigung.

Kannst du glauben,
daß Gott dich berühren will
und dazu die Haut
eines anderen Menschen benutzt?
Dann wäre dein Stillhalten
oder deine Antwort
mit deiner Haut
ein Gebet. 31/135

Ich darf dir immer nur begrenzte Rechte über meine Seele einräumen. Alles darüber hinaus ist Flucht vor mir selbst. 24/64

Die verlorene Welt in mir

Durch die fast unmerklichen Regungen
in dir
entdecke ich einen Weg
zu unbekannten Bereichen
in mir.

Deine Ahnungen
erschließen mir Ahnungen,
die in allen üblichen Gedanken
nur untergegangen wären.

Darum bitte ich dich,
daß du dich mir mitteilst,
weil sonst eine ganze Welt in mir
verschüttet bleibt.

Hilf mir, mich zu entdecken. 20/187

Glaub mir nicht, wenn ich dir sage, daß ich dir ganz gehören
will. Ich will niemandem gehören. 24/33

Ich bin immer wieder überzeugt, daß gerade die Menschen aufeinander zugehen, die voneinander lernen können. Also, die Person, die mir gefällt, die ich anziehend finde, hat gerade das, was mir in meiner Persönlichkeit fehlt. Aber das kommt in der verliebten Phase nicht so zum Vorschein, sondern erst in dem Durcharbeiten der Enttäuschung. Ihn dann zu verlassen, das könnte heißen, daß ich mir selbst meine Entwicklung abschneide. An der Stelle lerne ich dann nicht und bleibe unreif. In der neuen Beziehung werde ich genau diese Stelle wieder erreichen, außer ich suche mir schon gleich eine Person, die mir kein Gegenüber ist. Wenn sich dieser Ablauf öfter wiederholt, kann eine noch viel tiefere Enttäuschung eintreten. Manchmal wird daraus dann eine Bitterkeit und ein Zynismus und ein Verzweifeln an der Liebe selbst. Dies ist ein gefährlicher Zustand, weil die Voreingenommenheit gegen die Liebe, bei allem Wunsch nach Liebe, die Liebesbegegnung fast unmöglich macht.

Die andere Reaktion auf die Enttäuschung ist das Durcharbeiten. Der Enttäuschte erweitert sein Verständnis von der Liebe. Er schließt mehr mit ein, und dazu gehört dann eben auch die Enttäuschung. Diese Zeit ist häufig ein Schweben zwischen dem Verletztwerden und erneutem Vertrauen, zwischen Unverständnis und einem tieferen Durchblick, zwischen Ärger und Begreifen. 20/70

Was ich nicht in mir finde, suche ich meistens vergebens bei dir. Wenn ich es dann bei dir finde, ist es oft eine Illusion, weil ich es unbedingt finden will. Aber die Illusion hilft mir, es dann doch bei mir zu finden. 24/64

Ich wage es,
ich selbst zu sein
und nicht der Mensch,
den du haben möchtest.

Ich wage es,
deine Wünsche nicht zu erfüllen,
falls ich mir dabei selbst untreu werden muß.
Ich will bei mir bleiben
und dich trotzdem finden.

Ich wage es,
mich dir zuzumuten
mit dem, was dir Mühe machen könnte.

Zwar werde ich mich immer wieder ändern,
aber nicht so, wie du mich haben willst,
sondern so, wie mich mein Weg
in die Reife führt.

Ich kann so wagemutig sein,
weil ich ein tiefes Vertrauen
in die Kraft unserer Beziehung habe.

Wenn du es jetzt
nicht aushalten kannst,
daß wir getrennt sind,

wirst du es später
nicht aushalten können,
daß wir zusammen sind.

loslassen

dich so loszulassen
daß du die fehler machen kannst
   die du machen willst
daß du mich ablehnen kannst
daß du neue werte finden kannst
daß du deine meinung ändern kannst
   wenn ich dich gerade verstanden habe
daß du dir zuviel sorgen machen kannst
daß du dir nicht genug sorgen machen kannst
dich so loszulassen
das muß ich lernen

ich muß dich ziehen lassen
in ein unbehütetes leben
in ein einsames leben
in dein leben
   getragen von deinen entscheidungen
denn ich kann nicht dein vormund sein
ich kann nicht über dich bestimmen
auch nicht in kleinigkeiten

ich muß lernen dich loszulassen
so einfach
und doch so schwer 8/55

wenn unsere liebe durchhalten soll
so müssen wir zuerst den willen haben
die schmerzen durchzuhalten 3/57

Lieben: den anderen seinen ganz eigenen Mist bauen lassen. Und dann nicht sagen: Hab ich doch gewußt! Das noch nicht einmal denken. Das nie hoffen, sondern an den ganz eigenen Weg des anderen glauben. Das Mysterium der Andersartigkeit, das Geheimnis, das den andern ausmacht, ins eigene Leben mit hineinnehmen. 14/45

Ich habe dich gekannt
und festgehalten.
Da bist du mir
in den Händen gestorben.

Jetzt lasse ich dich wieder los,
indem ich nicht mehr behaupte,
dich zu kennen,
und bringe dich wieder zum Leben. 20/178

Eine freiwillige Bindung ist kein Gebundensein. 24/33

schmerz und liebe sind zwillinge
die oft so tun
als kennen sie sich nicht 3/57

Ab einem gewissen Punkt ziehst du dich auch von dir selbst zurück, wenn du dich von mir zurückziehst. Um bei dir zu bleiben, mußt du bei mir bleiben, es auch mit mir aushalten. Sonst bist du auf der Flucht, bist ein Flüchtling, verlierst dich. 24/106

in der stille dieser nacht

jetzt
mitten in der nacht
allein mit meinen gedanken
und mein leben übersichtlich vor mir ausgebreitet
legt sich trauer auf mich
und der unüberwindbare abstand zwischen menschen
   auch zwischen dir und mir
wird mir bewußt
und all unsere gemeinsamkeiten
sind kein schutz gegen diese erkenntnis

und doch ist es nicht unerträglich
denn ab und zu ahne ich wie es einmal sein wird
wenn mir blicke in die vollkommenheit
   gewährt werden
und sich das geheimnis des ganzen plans etwas lüftet

wir sind wanderer in der einsamkeit dieser nacht
und vielleicht verbindet uns dieses wissen
und das leiden unter der unvollkommenheit
und die sehnsucht nach erfüllung
mehr als jeder versuch
uns über diese einsamkeit hinwegzutäuschen

ich liebe dich
und strecke mich nach dir aus
und manchmal berühren sich unsere fingerspitzen
und wir sind zeugen des wunders

8/60

Paarlaufen

Wir sind zwei Eisläufer, die ihre getrennten Figuren laufen; aber immer wieder, ein jeder vom Ende seines Eises kommend, laufen wir aufeinander zu, begegnen uns, berühren einander vorsichtig und führen dann den Zauber einer gemeinsamen Figur aus.

In jedem Moment sind wir allein, laufen auf dünnen Stahlkufen auf dieser glatten Oberfläche, immer in der Gefahr zu fallen. Jeder von uns läuft allein, und doch sind wir uns voll des andern bewußt. Wir zittern für uns selbst, aber auch für den andern. Es ist nicht zu sagen, ob wir allein sind oder zu zweit. Wir sind allein und sind es nicht. Unsere Übung heißt »Paarlaufen«. Aber wir können es nur, wenn jeder auch als einzelner laufen kann. 24/55

ich will ja zu dir sagen
so fest
daß ich mich als berg empfinde
so zart
daß ich meine stimme nur ahne
so ungezwungen
daß das wort einer wolke gleicht
so für immer
wie das rauschen der brandung

und wenn du es mir jetzt glaubst
wirst du auch noch das ja hören
wenn ich in ausweglosigkeit
nein sage. 15/16

Ich wage es,
an eine echte Partnerschaft zu glauben,
in der keiner herrscht
und keiner untertänig ist.

Trotz aller Verletzungen,
die wir einander zugefügt haben,
glaube ich, daß wir einander näher sind,
als wir es früher waren,
mit weniger Illusionen und mehr Echtheit.

Immer wieder war der Schmerz unser Lehrer,
und wenn es weitergehen sollte,
mußten wir Wagnisse eingehen,
um den Abstand zu überwinden.

Mit dir will ich es wagen,
weiter an unserer Partnerschaft zu bauen.

27/56

Im Risiko der Worte

Ich bewohne meine Worte und nähere mich dir in ihnen. Ich begleite sie mit einer vorsichtigen Hoffnung, daß du sie so hörst, wie ich sie dir sagen möchte. Sie sind zerbrechlich. Wenn sie zerbrechen, können wir uns an ihnen schneiden. Und doch ist ihre Zerbrechlichkeit mein Geschenk an dich.

Manchmal erlebe ich die Gedanken, die wir einander mitteilen, als zweitrangig. Sie sind nur dazu da, die Zerbrechlichkeit zu transportieren. Die Verpackung wird zum Inhalt. Das Sagbare ist fast nur ein Vorwand, nach dem Unsagbaren zu suchen.

25/59

Fast ist schon jede Berührung zuviel,
das Hinsehen zu aufdringlich,
das Ansprechen zu plump,
das Kennenlernen nicht vorsichtig genug,
wenn ich daran denke,
wie viele Jahre du daran gearbeitet hast,
um die Person zu werden, die du bist.
Wie du gelitten
und dich unzählige Male gefragt hast,
was zu tun und was zu lassen sei.

Aber du willst berührt werden.
Du willst, daß meine Augen dich abtasten.
Und von Worten, wie ich sie dir sagen werde,
hast du schon lange geträumt.

Ich will dich berühren,
ohne Rechte anzumelden.
Ich will dich ansprechen,
ohne dich zu bestimmen.
Ich will dich kennenlernen,
ohne dich festzulegen.

Ich will bei dir sein, ohne dich zu haben. 24/45

liebe schützt uns manchmal
indem sie uns aussetzt und bloßstellt 8/106

Wenn ich über deine Freiheit wache, bleibe ich selbst frei. 21/124

Fragebogen

1. Ist es wirklich so schlimm,
   was sie/er mir angetan hat?

2. Ist es irgendwie zu verstehen,
   warum er/sie das getan hat?

3. Bin ich empfindsam oder empfindlich?

4. Habe ich versucht, ihn/sie festzuhalten,
   an eine gewisse Art oder Rolle zu binden?

5. Reagiere ich jetzt zu stark?

6. Bin ich von mir enttäuscht?
   Will ich, daß die Täuschung aufhört?

7. Wäre ich wirklich weiter gewachsen,
   wenn unser »Himmel auf Erden« so
   weitergegangen wäre?

8. Glaube ich wirklich, daß es eine Beziehung
   ohne Verletztwerden geben kann?

9. Ist mir mein Glücklichsein wichtiger,
   als intensiven Kontakt mit ihr/ihm zu pflegen,
   auch wenn sie/er nicht nur positive Seiten hat?

10. Habe ich Angst,
    daß unsere Beziehung zu Ende sein könnte?

11. Wieviel bin ich bereit einzusetzen,
    um aus unserer Beziehung etwas zu machen?

12. Was suche ich in dieser Beziehung?   20/118

Ich lerne zu lieben,
was mir Schwierigkeiten macht,
und manchmal gehörst auch du dazu,
wenn du mich herausforderst.
Früh habe ich das liebengelernt,
was mir Illusionen schaffte und Glück vorspiegelte.
Erst später habe ich gemerkt, daß es mir auch schadet,
weil es mich verdorben hat für die Gegenwart,
die viel schwerer und härter ist.
Da fehlt es mir dann an Energie,
über mich selbst hinauszuwachsen.

Darum lerne ich jetzt das zu lieben,
was das mir Fehlende ergänzt:
die Herausforderung, die aufweckt,
die Enttäuschung, die mich echter werden läßt,
den Schmerz, der mir meine Grenze zeigt,
den Verlust, den ich glaubte
leichter ertragen zu können.

Noch muß ich viel üben und mir Zeit lassen,
es gibt wenige Vorbilder,
aber die Richtung habe ich eingeschlagen
und werde sie weiter verfolgen.

39/54

Wenn ich dich ganz mit Haut und Haar liebe, dann bin ich bereit, alles zu glauben. Besonders auch meine eigene Einbildung. Ich bin bereit, mich selbst zu belügen. Darum will ich darauf achten, daß ich immer noch ein wenig über meine Liebe lächeln kann. Das ist der heilsame Abstand des Wachseins.

24/106

Hab Geduld mit mir,
auch wenn ich kalt bin
und dich ablehne.
Kälte hat mich verschlossen,
weil ich nicht mehr brechen wollte.
Ich will nicht mehr frieren
und setze mich darum nicht mehr aus.

Wenn du mich offen finden willst,
mußt du mit Wärme um mich werben.
Dann will ich mich auftun,
auftauen und dich einlassen
in meine Welt.

Aber ernst muß es dir sein,
sonst werde ich wieder kalt,
und meine Kälte mit ihrer Angst
wird bis zu dir reichen.
Beide werden wir erstarren
im Mißbrauch der Worte
und der vorgetäuschten Nähe. 13/32

den andern lieben heißt:
dem andern erlauben
mir schmerzen zu machen 3/57

Eine Liebe ohne die Fähigkeit, nein zu sagen, hat im Laufe
der Zeit ein immer schwächeres Ja. 24/64

Vielleicht wird die Zeit kommen,
wo dein Name
ein tödliches Gewicht haben wird.
Dein Blick
wird mich nicht mehr befreien,
und deine Andersartigkeit
wird schneiden und schmerzen.

Aber vielleicht
werde ich reif genug sein,
mich zu erinnern,
daß Leben aus dem Tod entsteht. 24/56

die liebe reift
in dem maße
in dem die liebenswürdigkeit des partners
verschwindet 8/106

Es ist, als ob du noch einmal existierst: in dir, wirklicher, echter. An diese Person wende ich mich, auch wenn du mich dann kaum verstehst. 24/106

Ich will deinen Kuß nicht,
wenn ich spüre,
daß du damit aus dem Gespräch
fliehen willst.

Deine Zärtlichkeit ist dann
nicht Sprachlosigkeit,
sondern Sprachangst
und manchmal Sprachfaulheit. 20/75

Unsere Entscheidung

Wir glauben an Wege
aus zerstörerischen Rollen
in die Freiheit der entschiedenen Zuwendung.

Wir glauben an die Erneuerung der Gefühle
nach ihrem Tod
in der Enttäuschung.

Wir glauben an die Freiwilligkeit der Liebe
und daß Erwartungen und Druck
die Liebe zerstören.

Wir glauben an den tiefen Wunsch in uns,
zueinander finden zu wollen
trotz aller Hindernisse.

Wir glauben an den Glauben aneinander
als der Basis zum Wachstum
in der Beziehung.

Wir glauben an die Überwindung
der Abhängigkeit voneinander,
um bewußter leben zu können.

Wir glauben, daß wir gleichwertig
und gleichwürdig sind
und daß wir nicht das Recht haben,
einander auszunutzen.

Wir glauben an die gegenseitige Vergebung,
aber auch daran,
daß Liebe viel mehr als Vergebung ist.

Wir glauben an den Schmerz
als Bestandteil der Liebe,
aber auch an die Möglichkeit
des Glücks und des Glücklichseins
in der Liebe.

Wir leben aus der Hoffnung,
unterwegs in das reife Lieben.

20/214

Ohne dich, mit dir

Doch, doch. Ich kann ohne dich leben. Ich finde Schätze in mir. Ich beginne gerade erst zu graben. Ich sage damit nichts gegen dich, sondern nur etwas für mich.

Ich muß und will von mir aus leben. Ich will dich nicht mehr unter Druck setzen, meine Lebenserfüllung zu sein. Gerade das macht unsere Beziehung kaputt. Vieles von dem, was ich von dir verlange, wird mich erst wirklich glücklich machen, wenn ich es in mir finde.

Und auch dein Leben wird dadurch anders werden. Dein Glück wird nicht nur daraus bestehen, mich glücklich zu machen. Du wirst lernen, dich selbst glücklich zu machen und dabei doch nicht egoistisch zu sein. Auch du wirst ohne mich leben können, und ich werde es verstehen.

Und gerade wenn ich weiß, daß ich ohne dich leben kann, daß mein Leben auch ohne dich komplett ist, gerade dann will ich mein Leben mit dir teilen. Nicht weil ich es muß, sondern weil ich es will; nicht weil ich dich brauche, sondern weil ich mit dir sein will; nicht weil du mich brauchst, sondern weil ich mich für dich entschieden habe. Ich wünsche mir etwas von dem Reichtum deines Lebens.

Spürst du die Freiheit, in der wir miteinander umgehen und uns gegenseitig mitteilen können? 25/74

Ein neuer Weg zu dir

Hast du noch Energie, auf mich zu warten?
Ich lebe am Rand meiner Möglichkeiten.
Ich will mich nicht zerbrechen,
um zu dir zu kommen,
weil ich dir ein Gegenüber sein will
und nicht ein Gebrochener.

Wenn du warten kannst,
will ich dich
mit meiner größeren Freiheit beschenken.
Weil ich dich nicht mehr brauche,
werde ich dich ganz neu lieben können.
Weil ich von dir freiwachse,
kann ich mich bringen,
wenn ich komme.
Darum warte noch.

Halte aus,
daß wir getrennt sind.
Das Aushalten wird uns verbinden.

Vielleicht wird sogar der Moment kommen,
wo ich tief innen weiß,
daß keins deiner Geschenke so kostbar war
wie die Not, die du mir gemacht hast.

Dann werde ich bei dir sein
wie nie zuvor. 18/78

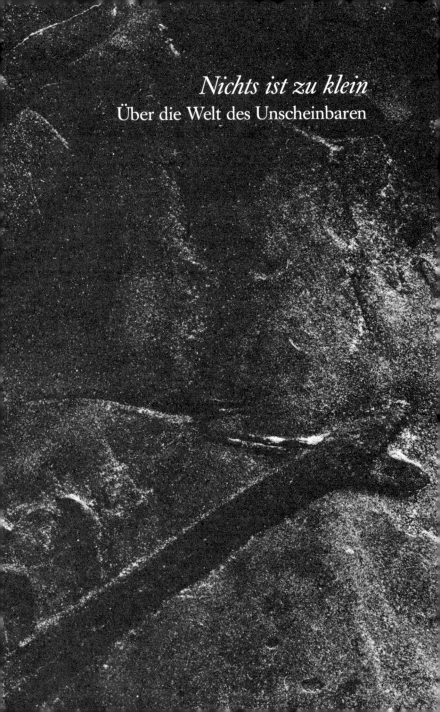

Nichts ist zu klein
Über die Welt des Unscheinbaren

Dieses ist eines meiner liebsten Themen im Schreiben. Ich bin umgeben von einer Vielzahl von Kleinigkeiten, die in sich die Möglichkeiten tragen, mein Leben zu verwandeln und reich zu machen. Ich muß sie nur wahrnehmen und mich von ihnen betreffen lassen, wenn sie in meinem Leben zum Wirken kommen sollen. Unachtsamkeit ist darum das Hindernis, das ich überwinden muß.

Die ausgewählten Texte sollen ein Ansporn sein, dieses Wahrnehmen wieder zu lernen und den Reichtum des eigenen Lebens zu entdecken. Je älter ich werde, desto mehr fasziniert mich das Kleine, Unscheinbare, und ich merke immer mehr, wie stark mein Leben davon berührt wird. Es liegt nun an mir, was aus der Berührung wird – wird sie mich reicher machen, oder werde ich nur das Große, Imposante als wichtig sehen und geringschätzig über das Kleine im Leben hinweggehen?

Ich finde es aufschlußreich, daß Verliebte oft besonders ansprechbar werden für Kleinigkeiten: ein Blick kann Glücksgefühle auslösen, eine Blume von dem Geliebten ist schön und bedeutungsvoll, der blaue Himmel wird anders wahrgenommen, und sogar ein Regenschauer kann verwandeln. Die Liebe öffnet uns für den Reichtum der Welt. Um nichts weniger geht es mir bei diesem Thema auch. Wenn wir die Welt um uns herum lieben, auch in ihrer Unverständlichkeit und Herbheit, wird sie uns reich machen, auch da, wo der Reichtum vielleicht Schmerzen mit sich bringen kann. Nichts ist nur gewöhnlich. Es kommt auf den Blick an, und den entscheidet jeder selbst.

In einem Moment leuchtet die ganze Welt auf
und mir wird der Durchblick gewährt
in dieser Sekunde laufen alle Fäden zusammen
alles ist richtig
die Welt besteht nicht mehr aus Stücken
alle Fragen hören auf
Leib, Seele und Geist klaffen nicht mehr auseinander

Die Tür ist aufgestoßen
der Schleier verschwunden
du stehst da

Ich bekomme eine Ahnung
von der Wahrheit
die hinter der Wirklichkeit verborgen liegt

Jeder Mensch, jedes Ding, jede Situation trägt in sich etwas von der unbeschreiblichen Vielfalt des Lebens. Ob wir es bewußt wahrnehmen und die Tiefe darin entdecken, liegt an unserer Bereitwilligkeit, uns nicht nur von dem Großen, Imposanten beeindrucken zu lassen, sondern Augen zu entwickeln für das Unscheinbare. 25/49

M*aserung*
Ein Stein spricht. Mit seiner Maserung sagt er mir keine Sprüche und Litaneien. Jede Ader, jede Farbverschiebung, jedes quarzige Glitzern betet vielstimmig, wie es nur Steine können. Ein Regenbogen der Lebensbejahung: Amethyst, Bergkristall, Citrin, Morion, Rauch-Quarz. 25/62

S*chätze*
Es gibt Schätze, die wir nur mit alltäglichem Handwerkszeug zu heben vermögen. Dieses Handwerkszeug besitzen aber viele nicht mehr, weil sie es verachten. Es ist das Stillstehen, das Augen-Aufmachen, das Dem-Ton-eines-Wortes-Nachgehen. 25/61

Fast drei Stunden lang fotografiere ich Lupinen. Mir wird es nicht über, mich an ihrer Stattlichkeit zu freuen. Einige Fremde beobachten mich und fragen endlich, was ich denn fotografiere.»Nur die Blumen.« Man kann es nicht glauben, daß einer so lange an Blumen festhängt. Zu Hause stelle ich dann die vollen Filme auf den Schreibtisch und hoffe, daß die Bilder so werden, wie ich sie gesehen habe. 21/98

Wenn die Zeit zu einem *Wort*, das verstanden werden kann, nicht reicht, dann ist vielleicht genug Zeit für einen *Blick*. 14/45

In der Küche: Bewegungen, die fließend ablaufen: mit einer Hand den Topf von der Kochplatte nehmen, den Löffel auf dem Tisch entlangrutschen lassen, daß er ins Abwaschwasser fällt, im rechten Moment die Koteletts umdrehen, in den dreißig Sekunden, die ich noch habe, ehe ich den Wasserkessel abstellen muß, gelingt es mir gerade, Öl und Zitrone mit Sellerie- und Knoblauchsalz für den Salat zu mischen. Keine Sekunde ist verschwendet. Insgesamt ein Wohlbehagen, weil alles paßt und gelingt. Dann singe ich. So kann die Welt bleiben. Ich bin erstaunt, daß es nicht mehr bedarf, um mich glücklich zu machen. 14/30

Ein *Brief*
Tausende von Kilometern entfernt hat sich jemand mit mir intensiv beschäftigt oder mit der Beziehung zwischen uns, hat Worte aneinandergereiht, die weit über sich selbst hinausweisen. Hat sogar Liebe in die geformten Buchstaben gelegt, sich selbst dabei geöffnet, dargestellt, gewagt auf dem Papier, ohne die richtige Betonung der Worte angeben zu können, sich selbst gegenwärtig und verletzbar zu machen. Dann die Wahl der Briefmarken, damit die Zustellung nicht an der Unleserlichkeit der Schrift scheitert. Und nach vielen Wegen per Lkw, Bahn und Flugzeug kommt er in die Hände meines Postboten, der ihn mit tausend anderen Briefen austrägt. Dann dieses In-den-Händen-Halten, der Moment, wo ich mich frage, was wohl drinsteht. Die Vorfreude, das Öffnen, das Auffalten der Bogen und das Hineinsteigen in den Kopf und in das Herz des andern. Grund zum Feiern. 25/60

Zusammenhänge
Ich will die Liebe nicht als Endziel sehen, sondern als Weg zum tieferen Werden und Sein. Die Liebe erhält das Leben, nicht umgekehrt. Es geht nicht darum, die Liebe zu wiederholen, sondern das Sein zu vertiefen und die lebendigen Zusammenhänge zu begreifen. 25/25

Siebzehn Blätter kann ich an dem Ahorn vor meinem Fenster zählen. Jeden Tag werden es weniger. Das Verfließen der Zeit wird in den fallenden Blättern sichtbar. 14/49

Durch unsichtbare Fäden
bist du mit allem verbunden,
was dich umgibt.
Wenn du ausgesetzt
auf der Leere der weiten Ebene stehst,
siehst du deine Seele.
Wenn du über die Fülle des Blumenkelches staunst,
entdeckst du die Vielfalt deines Geistes.
Dein Leib ist wie eine Buche
mit ihren Wunden und Narben.

Was ich hier schreibe,
hast du vielleicht gestern schon gesagt.
Was du heute ahnst,
wird morgen jemand
in einem fremden Land
als Bild malen. 31/67

F*ingerspitzen*
Zu den Fingern hin leben. Erst mein Wesen durch die Oberarme, dann durch die Unterarme fließen lassen, dann in die Hände, dann in jeden Finger, durch jedes Gelenk und endlich in die Fingerspitzen. Da ende ich zwar, aber gerade auf diese Endung hin lebe ich, weil ich von dort nach außen vordringe und berühre. Ich nehme die Haut, den Stein, die Luft, das Wasser wahr, lasse es über die Fingerspitzen, durch die Gelenke und Hände, durch die Unter- und Oberarme in mein Wesen fließen. Ich stelle einen Fluß zwischen meinem Inneren und der Welt her. Ich lebe in Berührung und Begegnung. 25/64

Man hat einen Himmelskörper entdeckt, der einen Durchmesser von 800 Billionen km hat. Das hat mich gereizt zu errechnen, wie wir als Erde neben diesem Himmelskörper erscheinen würden. Wenn die Erde ein Stecknadelkopf von ½ mm Durchmesser wäre, dann hätte dieser Himmelskörper neben uns einen Durchmesser von 31 000 km, also mehr als doppelt so groß wie die Erde. Wenn wir unsere ganze Erde in ein Raumschiff verwandelten, aus unserer Umlaufbahn um die Sonne herausschipperten und nach Ewigkeiten auf diesem namenlosen Himmelskörper landeten, dann wären wir so groß wie ein Sandkorn, das auf ihn fiele.

Ich staune gern bis an den Punkt, wo die Vorstellungskraft aussetzt. Dann fühle ich mich besonders wohl. 14/78

Nachts scheint die Brandung alles verfügbare Licht wie ein Magnet anzuziehen. Um mich kann ich kaum etwas sehen. Vielleicht gerade eben die schwarzen Stämme der alten Zedern, aber meistens ahne ich sie nur. Die Brandung dagegen, auch aus 150 m Entfernung und ohne daß ich sie direkt ansehe, also nur aus den Augenwinkeln, ist fast furchterregend weiß. Einen Augenblick ist alles dunkel; aber dann, wenn die Welle überkippt und bricht, bildet sie von rechts nach links wandernd das Weiß. Ich falle dann hier zwischen den mir Sicherheit gebenden Zedernstämmen in eine noch größere Dunkelheit zurück, und mir scheint, als würde die Brandung ihr eigenes Licht produzieren. Ein paar Momente lang kann ich glauben, daß das Schauspiel der Brandung für mich aufgeführt wird. 14/151–2

Reichtümer

Ein Specht hämmert den Rhythmus meines Tages.
Wenn nach dem Regen die Sonne wiederkommt,
 riecht die Erde naß.
Meine Hände streicheln grobes Holz.
Ich kenne deine jetzigen Gedanken nicht,
 aber ich weiß, daß du lebst, dicht lebst.
Gibt es irgendwo eine Welt,
 in der meine Hoffnungen gelebt werden?
Danke dir für deinen Brief, der wie ein offenes Herz war.
Gibt es Möglichkeiten der Liebe,
 die noch keiner entdeckt hat?
Laß mich warten, damit ich deine Abwesenheit
 auskoste und dein Ankommen stärker erlebe.
Meine Worte erreichen dich nicht mehr,
 und ich spüre Schuld.
Was würde ich tun, ohne die Sehnsucht nach Glück?
Suche oder finde ich lieber?
Aus mir spricht die Stimme und lädt mich ein,
 die atemberaubende Landschaft meines
 Unbewußten zu entdecken.
Unsere Begegnung ist die Achtung des Lebens.
Ein Salatblatt, eine Tomate, ein Radieschen,
 ein Stück Paprika und ich davor.
Durch die grobmaschige Gardine sehe ich das Auto
 langsam wenden und weiß, daß es erfüllt ist
 mit den stillen Wünschen seiner Insassen.
Unter dem Blumenstrauß liegen die abgefallenen
 Blüten im Blütenstaub auf dem dunklen Tischtuch.
Morgen beginnt alles neu,
 ich kann Liebe üben, voller Phantasie. 25/65

ein wunder
ich bin der stille zeuge des wunders:
ein kind
ein mädchen
nicht älter als drei Jahre
entdeckt die welt
und ihren platz in dieser welt

ihre augen werden größer und größer
in dem versuch alles aufzunehmen
    was wie zauberei um sie herum abläuft
ihr verstand bewegt die vielen dinge
    die noch unverständlich sind
eindrücke stürzen auf sie ein
    die sie noch nicht sortieren kann

sie streckt sich aus
sie greift und spürt die beschaffenheit der welt
sie sieht die farben in ihrer hellen pracht
sie hört geräusche die sie noch nicht kennt
sie riecht wunderliche düfte
und schmeckt überraschung um überraschung

unendlich reich ist dieses leben
voll bis zum zerbersten
das leben in seiner vielfalt
überwältigt dieses kind
und lehrt es staunen

und mitten drin
verklärt
verliebt in alles
steht sie   11/85

Ich höre im Autoradio das Lied »our love is alive«, kenne die Gruppe nicht, aber das Lied gefällt mir und löst etwas in mir aus. Ich fahre auf der Straße vor Darmstadt, rechts sind Kiefern. Ich habe das Empfinden, am Rand zu unendlichen Reichtümern zu leben! Ich komme von Gesprächen, die noch in mir leben. Ich staune über die Dichte des Lebens. Alles steht in Beziehung zueinander. Ich kann nichts von nichts trennen. Die Zusammengehörigkeit aller Dinge. 14/273

Etwas ganz langsam tun, was man auch schneller tun könnte. Eine Tasse Kaffee langsamer trinken, ein Buch langsamer lesen. Jeden Schluck, jeden Satz vorsichtig kauen, erleben. Langsamer reden, vielleicht zunächst nur mit sich selbst. Auf die Zwischenräume zwischen Wörtern und Sätzen achten. Langsamer schreiben. Wieder die einzelnen Buchstaben beim Formen mit Bleistift, Kuli oder besser noch mit einem alten Federhalter erleben wie in der ersten Klasse. Im Verkehr die offensichtlich langsamste Spur nehmen, sich überholen lassen und daran freuen. Sein Bewußtsein verändern lassen und bewußter erleben. Die Textur des Lebens wiederentdecken. 14/36

F*eiern*
Jeden Tag, an dem man Liebe erfährt, sei sie auch noch so unbeholfen und klein, und jeden Tag, an dem man sich traut, noch zu lieben, sei es auch noch so zaghaft und zögernd, sollten wir feiern. 25/62

Die Kraft, die das Universum erhält

Ich will nicht nur dich kennenlernen«, sagte er, »sondern durch unsere Begegnung will ich mehr von dem Wesen der Liebe verstehen, von der Kraft, die das Universum erhält. Ich will nicht nur in unserem Glück steckenbleiben, sondern begreifen, wie alles zusammengehört. Darum wünsche ich mir, daß wir einander herausfordern. Ich möchte, daß du nicht nur meine Freundin bist, sondern mehr. In dir möchte ich der Liebe selbst, mit ihren Ansprüchen und Gaben, begegnen.«

»Mir geht es auch so. Und denke bitte nicht, daß ich das alles kann, wozu ich dich herausfordere. Manches habe ich lange geübt, und ich weiß, wie notwendig es ist, es zu lernen, und habe es doch noch nicht gemeistert. Das Loslassen zum Beispiel, und doch will ich dich herausfordern, mich loszulassen, damit du selbständig wirst und deine Vollkommenheit nicht nur durch mich und in mir suchst. Und wenn du merkst, daß ich dich halte, daß ich dich bedränge, dann mache mich darauf aufmerksam und hilf mir, darüber hinauszuwachsen. Auch ich will weiter.« 24/32

Wie langweilig uns das erscheint, was wir nur gebrauchen, um zu etwas anderem zu gelangen. Etwa eine Straße, um zum Ziel zu gelangen; ein Mensch, um einen anderen Menschen zu erreichen (auch wenn wir es selbst sind); ein Gedanke, um ein System fertigzustellen. Langeweile ist also die Antwort auf eine oberflächliche Behandlungsweise oder auf Mißbrauch. 14/54

Würdigung

So wie ich die Dinge würdige,
verändere ich sie.
Sie werden wertvoll durch mein Anschauen.

Die Gänseblümchen
werden zu einer Liebeserklärung,
weil ich sie als meine Botschafter wähle.
Sie sagen die schönsten Worte
und haben so ihre ganz eigene Herrlichkeit.

Buchstaben werden zu Worten, die leuchten.
Worte werden farbig
durch meinen Gebrauch.
Ich habe ihnen mein Leben anvertraut,
und sie tragen es zu dir.

Und so erneuert meine Wahl,
meine Beachtung und Würdigung die Welt.
Und die veränderten Dinge
wirken auf mich zurück.
Sie rufen mich ins Leben.
Ihr Glanz läßt mich leuchten.
Ihr Wert macht mein Leben wertvoll.

Der Würdigende wird gewürdigt
und würdigt weiter,
und still, wie die Sonne eine ganze
   Landschaft überflutet,
breitet sich neues Leben aus.   18/32

Ich liebe die Muster, die mich umgeben.
Mit ihrer Vielfalt machen sie mich reich.
Hell und dunkel, gerade und gebogen,
eckig und geschwungen, knallfarbig und pastell,
rauh und glatt, klein und groß,
so entfaltet sich die Welt vor mir.
Muster ergänzen einander, wechseln sich ab,
machen die Welt erkennbar.

Weiches Moos auf harten Steinen,
gelbe Blätter vor dem endlosen Blau,
die ungebrochenen Wasserkreise
über dem sinkenden Kieselstein,
glattes Perlmutter und grober Granit,
grüne Augen in einem braunen Gesicht.

Ich bin von einem Reichtum umgeben,
den ich nur zu einem Bruchteil wahrnehme.
Sogar ich selbst bin ein Teil des Musters, angefangen
bei der Farbe und Beschaffenheit meiner Haut
bis hin zu der Differenziertheit meiner Seele
mit ihren Bergen und Tälern.
Ich liebe die Buntheit innen und außen,
die Herrlichkeit der Welt.   39/18

Sichtweise
Hier am Strand, im Gegenlicht, wird sogar aus dieser Erle und ihrem Laubwerk ein feines Filigranmuster gegen den hellen Himmel und die untergehende Sonne.

    Alles hat das Recht, wenigstens irgendwann einmal im besten Licht besehen zu werden.   25/62

Momente der Liebe in mir aufnehmen und sie zu einem unglaublich dichten, festen Bild (Hintergrund) zusammenfügen. Etwa: meine Hand auf dem Haar meiner Tochter, spüren, was wortlos zwischen uns fließt. Ein großer Kraftschatz, wie ein zweites Leben, falls dies erste Leben mir ausgeht.

14/150

Ich sitze in einem goldigen kleinen Café in Mariposa in den kalifornischen Sierras. Die Waffel, die ich bestellt habe, ist so groß, daß ich sie kaum schaffe, und schmeckt so gut, daß sie meinen schlecht begonnenen Tag verbessert. Es ist erst halb elf, noch nicht zu warm, erst 27 Grad. Leichte klassische Musik kommt aus Lautsprechern. Das Café heißt »The Happy Medium« – Das glückliche Mittelmaß. Ich sitze auf einer Terrasse, die auf keinen besonders schönen Hinterhof führt, aber das macht nichts – ich sehe den tiefblauen Himmel. Mir geht auf, daß ich irgendwie mehr auf die Erde zurück muß. Dieses Restaurant, die Waffel, die Sonne, der Himmel verhelfen mir dazu. Grobe Holztische, Sirup auf der Waffel, am Nebentisch eine junge Frau, deren blonde Haare, als sie aufsteht, ihr bis in die Kniekehlen reichen. Die Wahrheit des Berührbaren, des Wirklichen!

21/110

Ich liebe den stillen Innenraum, der sich in mir ausbreitet wie eine Landschaft, in die man sich liebevoll begibt. Im Augenblick bin ich unantastbar für die Zerstörung. Es ist Frieden. Von hier schöpfe ich die Energie, um der Zerstörung und dem Unfrieden zu begegnen. Ich lebe in beiden Bereichen.

25/59

Manchmal bin ich hautlos
Über die Verletzbarkeit

Durch das Kräftemessen rücken wir weiter auseinander. Durch das Zugeben der eigenen Schwächen und Nöte finden wir zueinander. Es ist ein altes Prinzip, und doch leben wir nicht dementsprechend. Unsere Kultur hat die Unverletzbarkeit als Tugend erklärt. Lässigkeit und Härte, nicht Zartheit und Empfindsamkeit sind die Ideale, die uns immer wieder neu in Filmen vorgeführt werden.

Verletzbarkeit ist das Zugeben der eigenen Menschlichkeit mit ihren Unvollkommenheiten, Nöten, Fragen, Verzweiflungen. Nur der wahrhaft Starke kann zugeben, daß er Schwächen hat. Das macht ihn für andere zugänglich. So entdecken wir über unsere Nöte und Schwächen unsere Verwandtschaft untereinander.

Sich verletzbar zu machen ist darum oft ein sehr direkter Weg zum anderen. Wenn wir das Risiko eingehen, einen anderen Menschen in unser Leben einzulassen, auch da, wo es schmerzt, werden auch wir in die Schmerzen des anderen eingelassen. So ist es möglich, die Einsamkeit untereinander ein Stück aufzuheben und einander zu stärken. Wir brauchen einander nicht mehr zu beäugen, um festzustellen, wer stärker, begabter, schöner, beliebter oder intelligenter ist.

Je älter ich werde, desto mehr merke ich, daß ich viel mehr zu gewinnen als zu verlieren habe, wenn ich mich verletzbar mache. Meine Offenheit wird meistens mit Offenheit beantwortet. Ich werde nicht verachtet, weil ich Probleme habe. Meine Not trifft auf Verständnis. Wenn ich meine Unsicherheit und Zweifel mitteile, stelle ich fest, daß ich damit nicht allein stehe. Ich darf echt sein und muß nicht die Rolle des Starken spielen.

Ich bin dir begegnet
in der Zerbrechlichkeit deiner Augen,
in den Mundwinkeln, die von Erlösung träumen,
und in den Worten,
die sich zum Schweigen hin öffnen.

Da taten wir uns weit auf,
wurden weich und anschmiegsam,
wie ein Kind in den Morgen gebettet,
und unsere Schwere wurde zu Flügeln.

Jetzt verzichten wir auf die Regeln des festen Bodens,
setzen einen Salto mortale in die Luft
ohne Netz,
nur von der Gleichzeitigkeit gehalten,
die der Liebe eigen ist.
Jetzt wandern wir durch die Geborgenheit der Augen,
um dem Rätsel der Liebe
wieder andere Bilder abzulocken,
auf denen wir davonfliegen können

ins Herz des Lichts,
um zu uns selbst zu gelangen.

Ich merke,
daß ich verwundbar bin,
bis hin zum Tod,
und das wirft Licht auf mich.

Ich verliere den Grund unter den Füßen,
wenn ich mich stark fühle.
Ich werde schwach und dadurch stark,
wenn ich nichts mehr zu verlieren habe.

Ich gebe meine Sinne dran
und bekomme sie wieder,
verwandelt durch das Untertauchen
in Angst und Not.

Diese Angst rettet mich vor der Sattheit,
in der ich einschlafe und sterbe,
und vor der Armut,
die in der Unverwundbarkeit liegt.

In meiner Verwundbarkeit
werden Tränen zu starken Felsen,
und unüberwindliche Berge werden zu Seifenblasen.
Hier sinkt der,
der schwimmen kann,
und nur der Sinkende
lernt schwimmen.

10/17

Ich lobe deine Wunden

In deinen Augen zeichnet sich ab,
wo du stehst,
wo die Entscheidungen deines Lebens fallen.
In deinen weitgeweiteten Augen steht die Angst,
oder du versinkst in Freude
hinter deinen geschlossenen Lidern.

Da liegst du offen vor mir
in deiner Hilfsbedürftigkeit,
in all deinen Möglichkeiten und Unmöglichkeiten.
Da sehe ich dein Ringen um Verständnis
für das, was Gott an dir tut oder unterläßt.
Da wird dein Kampf mit der Einsamkeit sichtbar.

In deinen Augen sehe ich,
wie verletzbar du bist,
wie du versuchst, in eine Stärke zu fliehen,
es aber doch nicht tust.
Dadurch wirst du transparent.

Ich sehe, wie du ein Mensch wirst,
ein Mensch in seiner ganzen Anfälligkeit,
voll Wunden,
an denen du leidest,
an denen du wächst,
Wunden, die dir Wege in die Freiheit öffnen.

Deine Wunden sind der Weg,
auf dem ich zu dir kommen kann.
Deine Wunden erlauben mir meine Wunden.
Ich weine in dir,
und du lachst in mir.

18/64

Zu fühlen
ist gefährlich.
Die zarte Bewegung
der eigenen Seele zu spüren
ist ein unüberschaubares Risiko.
Sie tut sich auf, sie will atmen,
wortlos sucht sie nach Verständnis. Sie ist wie eine
der ersten Blumen im Frühjahr:
blüht sie nur einen Tag zu früh,
holt sie der Frost noch.
Ein Wort zu früh,
eine Bewegung,
ein Gespräch,
ein Blick,
sie alle
gefähr-
den.   23/40

Es gehört zu den Idealen unserer Kultur, »cool« zu sein. Früher nannte man es »lässig«. Der coole Typ ist von nichts und niemand aus der Ruhe zu bringen, er ist nicht umzuwerfen, nicht zu betreffen. Dahinter verbirgt sich die Angst vor der Betroffenheit, vor dem Gefühl, vor der Ekstase, vor der Verunsicherung, vor der Unvorhersagbarkeit der Welt. Es ist die Angst vor der Verletzbarkeit, vor dem Sich-Hineingeben in die Bezüge des Lebens.

Coolsein ist die Vorstufe zum Kaltsein. Wer will wirklich kalt sein und nicht mehr die Hitze des Lebens mit seinen Herausforderungen spüren?   31/60–1

Dein Panzer

Verpanzere dich nicht weiter! Bald wird niemand mehr zu dir gelangen, und du wirst nicht mehr den Weg durch deinen Panzer in die Welt finden.

Und durch die fehlenden Begegnungen wird dein Panzer noch dicker werden, und du wirst noch weniger Menschen, Dingen und Gedanken begegnen. So wird dein Panzer weiter wachsen.

Im Panzer wirst du einen Tod in Kümmernis und Kümmerlichkeit sterben. Es ist ein Ersticken, ein Versagen der Sinne, dieser herrlichen Kontaktnehmer nach draußen. Es ist ein Verdursten und Vertrocknen. Immer weniger berührt dich und gibt dir Auftrieb. Bis du dann ganz liegenbleibst und dich nicht mehr rührst – beschützt und erstickt von deinem Panzer. 25/76

Weil du mir Schmerzen machst,
indem du *du* bleibst,
auch wenn ich dir ein Bild male,
wie ich dich gerne hätte,
und dich mit meinem Wesen bitte,
mir das Leben leicht zu machen,
und du es nicht tust,
sondern mich liebst
mit der Herausforderung,
die du bist,
darum kann ich dir trauen.

Wie armselig wärst du,
wenn du nur so wärst,
wie ich dich denken kann. 24/97

Es gibt Momente tiefster Unsicherheit.
Das ganze Leben scheint dann gefährdet zu sein.
Alles ist so vorläufig, sehr zerbrechlich
und vergänglich. Daran leide ich.

Aber gerade das Leiden an diesem Zustand
öffnet mich für die Zartheit des Lebens.
Weil ich überhaupt spüre,
spüre ich auch die Zerbrechlichkeit.
Weil ich um den Tod weiß,
erfahre ich das Leben dichter.
Würde ich mich verschanzen
hinter Systemen und Sprüchen,
würde ich mich auch meinen feinen Regungen
und Reaktionen auf die Welt um mich verschließen.

Es ist der Preis der Empfindsamkeit
und des Lebendigseins:
Darum denke ich bewußt an den Tod;
ich will mit meinem Geist, mit meiner Seele
und mit den Zellen meines Körpers wissen,
daß ich sterblich bin, damit ich weise werde.
Ich will mich nicht vom Leid lähmen lassen,
sondern es einsetzen auf meinem Weg in die Reife. 38/6

In manchen Nächten treffen mich die Geräusche der Kinder, die sich in ihren Betten bewegen oder in ihren Träumen leise rufen, in einer unsagbaren Tiefe. In den Momenten ist das Leben so ungeheuer verletzbar, und fast alles löst eine Unsicherheit aus. Ich halte dann fast die Luft an und warte, daß dieser dunkle Engel vorbeigeht. 14/169

An der Entfernung sterben wir nicht.
Mit Landkarten können wir sie aufheben.

An der Entfernung sterben wir nicht.
Am Telefon ist deine Stimme hier.

An der Entfernung sterben wir nicht.
Wir haben Bilder, auf denen wir bunt bleiben.

An der Entfernung sterben wir nicht.
Unsere Erinnerung ist ein Märchenland.

An der Entfernung sterben wir nicht.
Auf der Post beschleunigt ein Computer deine Briefe.

An der Entfernung sterben wir nicht.
Der Abstand schafft eine glückliche Verzerrung.

An der Entfernung sterben wir nicht.
Es ist leicht, Theorien zu vergleichen.

Wir sterben nur an der Nähe,
weil es in ihr keinen Schutz gibt.

Doch das ist das Tor. 24/96

Ich staune über deinen Mut
zur Verletzbarkeit.
Du versteckst dich nicht,
sondern stehst dazu,
daß du etwas wünschst und hoffst.

Ich staune darüber,
daß du deine Angst zugibst
und sie so überwindest
oder mit ihr leben kannst.

Vielleicht bist du darum so gegenwärtig,
so ganz hier.
Du bist stark und doch zerbrechlich.
Du bist entschieden und doch weich.   28/48

Komm,
werde doch mein Du.
Laß dich bewegen,
tritt in mein Leben.
Entdecken wollen wir,
wo Leben sich erneuert
und wo der Tod in uns noch Blüten treibt.

Hab keine Angst,
doch hab sie ruhig,
ich hab sie auch.
Wenn wir sie teilen,
wird sie zu Leben.   13/5

Ich wage es,
meine Gefühle zuzugeben,
nicht über ihnen zu stehen,
sondern berührbar und verletzbar zu sein.
Ich will Worte finden
für das, was ich spüre.

Du sollst von meiner Angst wissen,
aber auch von meinem Mut.
Du sollst meine Unsicherheit spüren,
aber auch meine Festigkeit.
Du sollst mich sehen,
wie ich schwimme, krieche und fliege.
Ich will meine Gefühle bewußt erleben
und dann entscheiden,
wie ich mit ihnen umgehen will.
Ich will sie nicht verdrängen
noch mich von ihnen beherrschen lassen. 27/10

Sich so verletzbar machen, den anderen zu verletzen. Alles als Offenheit und nicht als Angriff verstehen. Verletzen immer als heilende Handlung sehen. Sich verletzbar machen immer als eine Sehnsucht nach Heilung. Die Wunde als Zwischenstadium erkennen. 14/221

Es ist, als ob ich es fassen könnte

Ich habe wunde Füße,
weil die Wege in mir
so unendlich weit sind.

Auf dem Fjord
hält sich das winzige Boot
in der Dämmerung
vor den Bergkonturen.

Der Abendhimmel,
fast wolkenlos gelb,
scheint auch in meine Unsicherheit
getaucht zu sein.

Späte Vögel
suchen nach sicheren Bäumen.
Ich könnte ein fallendes Blatt sein,
so unhaltbar ist alles in mir.

Ich höre mein Herz schlagen
und hoffe auf seine Weisheit,
aber am Ende habe ich nur Tränen,
die ich nicht verstehe.

Lautlos warte ich
auf den Aufgang des Abendsterns
vor meinem Westfenster,
als würde Gott dort wohnen.

Warum passiert gerade mir das?
Über das Leid

Wohl kaum einer von uns bleibt vor Schwerem im Leben verschont. Sei es im Körperlichen, Seelischen oder Geistigen/Geistlichen. Wir alle geraten in Not, in Zustände, die wir nicht mehr verstehen, in Ausweglosigkeit, Verzweiflung und Einsamkeit. Wie wir mit diesen Umständen umgehen und diesen Zeiten begegnen, entscheidet darüber, wie wohl wir uns in unserem Leben fühlen.

Es gibt eine Vielzahl von Reaktionen auf das Schwere, von der Verdrängung über die Annahme bis zum krankhaften Festhalten. Einige Haltungen erschweren das Leid, andere helfen uns, es zu überwinden und daran zu reifen.

Vielleicht ist aber nichts so wichtig wie zu realisieren, daß das Schwere wirklich zum Leben dazugehört und ich mich darum nicht zu schämen brauche und es nicht verstecken muß. Kaum etwas verbindet Menschen so wie geteiltes Leid. Von Beginn meines Schreibens an ist dies ein Thema für mich gewesen, weil ich immer wieder Menschen begegnet bin, die das Schwere ihres Lebens um jeden Preis verstecken wollten und sich für ihre Not auch noch schlecht fühlten. Sie haben in ihrer »positiven« Weltsicht nie einen Platz für das Schwere gehabt. Es durfte nicht vorkommen, es war nicht legitim und mußte so schnell wie möglich wieder beseitigt werden.

Die ausgewählten Texte wollen dem Schweren einen legitimen Platz einräumen, wollen aber auch hier und da einen kreativen Umgang damit anbieten, so daß das Schwere uns nicht lebensunfähig macht, sondern uns eine Tiefe gibt, die das Leben reicher macht.

Ein O-Gott-Tag
Ich laufe gegen Mauern.
Die Sonne will erst gar nicht aufgehen.
Das, was ich ernsthaft begonnen habe,
wirkt jetzt lächerlich,
weil es nicht weitergeht.
Die Energie,
mit der ich meine Hoffnungen verfolgt habe,
ist weg.
Ich schlafe mich aus der Wirklichkeit hinaus.

Heute sind Gottes Zusagen
nur Buchstaben auf dem Papier.
Ich kriege sie nicht in mein Herz.
Mein Denken läuft in Furchen,
die sich mit jeder Wiederholung vertiefen.
In jedem Kreislauf der Gedanken
gebe ich der Angst mehr Platz.
Ich greife um mich,
aber es ist nichts da.

Darum hörst du mich heute
immer nur »O Gott! O Gott!« sagen.
Das ist der Rest meines Glaubens,
die übriggebliebene Kraft.
Das ist mein Gebet.
Es besteht nur aus Erschlagenheit.
Mehr habe ich nicht zu geben.

18/60

Du hast ein Recht auf deine Trauer.
Du darfst dich deinen Verlusten widmen,
mußt nicht verdrängen, was dich beschwert.
Du hast ein Recht, das abzutrauern,
was dich so tief enttäuscht hat
und was du nicht ändern kannst.

Du hast ein Recht auf deine Tränen,
auf dein Schweigen,
auf deine Ratlosigkeit,
auf deine innere und äußere Abwesenheit.
Du mußt nicht den Glücklichen spielen,
nicht über den Dingen stehen.

Du hast ein Recht, die wegzuschicken,
die dich mit Gewalt aus deiner Trauer
herausholen wollen, weil deine Trauer
sie selbst bedroht.
Du hast ein Recht auf deine Trauerzeit.

Du hast ein Recht,
mit denen nicht reden zu wollen,
die dir ein schlechtes Gewissen machen
für deine Dunkelheit und Trauer.
Die mit Sprüchen kommen
und dich mit diesen Sprüchen
unter Druck zu setzen versuchen.
Du hast ein Recht auf deine Trauerstille.

Ich glaube, daß Leid nur überwunden und sinnvoll erlebt werden kann, wenn wir da beginnen, wo wir sind, uns selbst also nicht etwas vortäuschen. Das Leid zu »bewohnen«, in ihm anwesend zu sein, ist für mich mehr, als es anzunehmen, ohne es zu verherrlichen. In dem Leid zu sein ist der Anfang der Verwandlung, nicht im Sinne einer mirakulösen Aufhebung, aber im Sinne des Transzendierens des Leides.

Ich möchte nicht nur bei dem Leid steckenbleiben, sondern aus ihm lernen, durch es wachsen, ich möchte es als Verwandlungsfaktor in meinem Leben einsetzen, weil ich weiß, daß ich mich meistens nur unter Druck wirklich verändere. Dies heißt überhaupt nicht, daß nicht der Versuch gemacht werden kann, das Leid zu verändern. Das Leid bewohnen bedeutet für mich nicht eine Annahme aller Ungerechtigkeit und Kurzsichtigkeit oder gar ein Sich-Arrangieren mit den Mißständen in der Welt.

Ich verstehe Leid als eine Suchbewegung des Menschen. Im Leid fehlt uns etwas. Zu leiden heißt, das Fehlende zu suchen. Das Leid um jeden Preis loszuwerden, ehe ich seinen Sinn verstanden habe, heißt darum, die Suchbewegung in mir zu verraten. Meistens gelingt uns das gar nicht. Oft können wir das Leid nur verlagern, so stark ist die Suchbewegung in uns. Ich vermute, daß diese Suchbewegung eng verwandt ist mit dem Begriff der Unruhe, in der die Seele des Menschen sich befindet, bis sie Gott findet, wie es Augustinus vor 1600 Jahren ausgedrückt hat. In unserer Suche selbst erfahren wir Gott.

Unser Leid ist darum auch unsere Chance, unsere Wachstumschance. Wir sind über uns selbst hinaus angelegt. Wir sind von der Zukunft her geschaffene Wesen. Leid drängt uns in die Erforschung dieser Zukunft, ob das im medizinischen Bereich ist, wo wir neue Impfstoffe gegen Krankheiten entwickeln, oder im seelischen Bereich, wo wir das Wirken des

Unbewußten auf unser bewußtes Leben langsam mehr und mehr verstehen, oder ob das in dem komplexen Bereich der großen Gott- und Sinnfragen ist: Wir stehen in einer Entwicklung, die besser von der Zukunft als von der Vergangenheit her zu verstehen ist und deren Ende offen ist.

Die Orte, wo ich leide, deuten an, wo meine Werte liegen. Darum ist mein Leid ein Ausdruck meines Wesens; es ist meine Sprache. Nicht nur spricht das Leid zu mir, sondern ich spreche durch das Leid auch zur Welt. Aber in jedem Fall muß ich *in* meinem Leiden sein; ich muß es annehmen, ohne mich damit zu arrangieren; ich muß es wahrnehmen, ohne mich von ihm handlungsunfähig machen zu lassen; ich muß die Schmerzen ertragen, ohne sie zu beschönigen oder durch Systematisieren zu verdrängen.

In einer Gesellschaft, die leidensscheu ist, ist es schwer, das Leid als etwas Positives oder gar als Sprache zu verstehen. Selbst die Leidenden haben einen Abstand zu ihrem eigenen Leid, weil Leid keinen Platz in der Gesellschaft hat. Sie verschweigen oder verdrängen es. Im Christentum ist das Leid auf eine seltsame Weise verherrlicht worden, was dazu beigetragen hat, die Umstände, die veränderbar gewesen wären und noch sind, nicht zu verändern, sondern darunter zu leiden und es als Wille Gottes zu verstehen. Auch da ist die Sprache des Leides nicht verstanden worden, und so wurde das Leid auch nicht »bewohnt« und konnte nicht zur Sprache des Leidenden werden. 31/146–8

An dem dunklen Rand entlang

Vor mir steht massiv und unbeweglich
das Beängstigende dieses Problems.
Von Minute zu Minute warte ich,
daß es sich löst. Von irgendwo.
Irgendwie.
Ich bin ein Zittern.
Ich erlebe meine Ohnmacht
als ein Weinen.

Ich will um mich greifen,
mir Lösungen erzwingen.
Ich will nicht drunterstehen.
Aber dann halte ich mich zurück,
flüchte nicht in Gebete
und wähle keine einfachen Auswege.
Ich lasse Formeln los
und werde nicht abergläubisch.
Ich erlaube mir keine Sprüche.

Ich halte meinen Glauben an Gott
wie ein schreckliches Gewicht aus.
Ich ertrage die bedrängende Wirklichkeit
seiner Antwortlosigkeit,
und doch sträubt sich in mir alles,
das als Antwort anzunehmen.

Es ist der schwere Weg
an dem dunklen Rand entlang,
der Weg durch die Zwickmühlen
in die Ausweglosigkeit.
In jeder Richtung steht das »Zu-Spät«.

Und doch, Gott,
will ich dich nicht als Helfer mißbrauchen.
Ich will meinem Glauben
die Gestalt des Aushaltens geben.
Ich will aufrecht stehen als Lob dir zu.
Mein Stummsein ist mein Lied.

Du traust mir diese Enge zu.
Dein Glaube an mich ist groß,
und das, ja das, ist mein Weg
aus der Verzweiflung.

Ich glaube deinem Glauben an mich,
und in meinem Zittern spüre ich Glück.   19/50–1

Kannst du den Schmerz wahrnehmen,
der das Durcheinander schafft,
ihn aushalten, durchstehen, bündeln
und ausrichten auf Gott,
der ihm den Sinn gibt,

auch wenn dieser Sinn nur ist,
daß du dich konzentrierst
und lernst, dich zu sammeln,
so daß du dich wieder fühlst
und in dir zu Hause bist,
wenn auch im Leid?   31/149

Dieser ganze Tag ist eine Frage

Gott,
ich versuche
deine Eigenarten zu ergründen,
dein Verständnis von Wachstum und Reife
in meinem Leben zu begreifen,
zu verstehen, was mit mir und an mir geschieht.

Vor kurzer Zeit
habe ich einen besonderen Schritt
auf dich zu gemacht,
hinein in das größere Risiko.
Ich bin gesprungen.
Jetzt spüre ich täglich das Wagnis.
Manchmal schlafe ich schlecht,
aber ich lerne es anzunehmen.
Auch wenn ich »warum?« frage,
will ich der hartnäckigen Ungewißheit
ihren Beitrag zu meiner Reifung abtrotzen.
Ich will nicht das sich abwendende Stillschweigen.
Ich will nicht das fromme Abgeben meines Willens,
weil ich innerlich nicht da bin.
Ich will echt sein.
Und wenn mir Tränen nahe sind,
will ich mich ihnen überlassen
und begreifen, daß sie notwendig sind.

Aber in allem frage ich mich,
wer du wohl bist,
du, Gott, Gott,
für den ich mich entschieden habe,

Gott der Zuneigung und Zärtlichkeit,
wartender Vater des verlorenen Sohnes,
sehnsüchtiger Gott, sehnsüchtig nach mir.

Bildloser Gott, wohin wachse ich?
Komme ich dir näher, du Geist?
Ist mein Wagnis in deinem Reich angesiedelt?
Baue ich an einer Illusion
und lebe ich, was mir nicht zusteht?

Ich versuche, mich in Dimensionen hineinzu*denken*,
die ich nur vom *Fühlen* kenne.
Ich versuche zu ahnen
mit allem, was in mir ist.
Ich verbiete mir die Verzweiflung,
weil sie mir wie ein Gift
in alle Lebensbahnen schießt.

Ich will das Offene aushalten. 18/54–5

Manchmal meine ich, daß schon das Am-Leben-Sein etwas Schmerzhaftes ist. Ich suche dann etwas, was diesen Schmerz wohl verursachen kann, und finde auch etwas. Dann stelle ich mir die Umstände verändert vor und merke, daß hinter dem spezifischen Schmerz noch ein tieferer Schmerz wohnt. Am Leben sein und empfindsam bleiben schafft dieses Loch in der Magengegend. Mit dem Wort »Weltschmerz« hat man diesen Zustand fast belächelt und dabei verloren, was dahinter steckt. 21/100

In dem eingestandenen Leiden schaffen wir auch untereinander eine tiefe Solidarität. Durch unsere Verwundbarkeit öffnen wir uns füreinander. Im Leid erleben wir unsere Empfindsamkeit, aber auch unsere Lebendigkeit. Nur wer noch lebendig ist, fühlt Schmerzen, und nur wer Schmerzen fühlt, kann auch Freude und Glück spüren.

Das Leid zu »bewohnen« heißt für mich auch, gottesgegenwärtig zu sein. Gott ist da, wo das Leid ist. Er stellt sich zu den Unterdrückten, Verachteten, Mißverstandenen, Einsamen, zu denen, die ihr Denken nicht abstellen können, zu den Hungernden und zu den Sprachlosen. Er leidet mit. Kann es ein intensiveres Gebet geben, als mit Gott zu leiden, Gott mitleiden zu lassen an meinen Leiden und so eine Solidarität zwischen Gott und Mensch herzustellen? In unserem Leiden nimmt Gott seine leidende Schöpfung wahr. In unserem Leid nehmen wir Gottes Leid wahr. 31/146-8

Du hast das Recht,
deine dunklen Stunden zu durchleben
und dich nicht durch billige Sprüche
aus ihnen herauslocken zu lassen.
Schon der Versuch ist eine Entwürdigung
deiner inneren Wirklichkeit.

Du bist auch deine Dunkelheit.
Die Abgründe und Widersprüche
gehören auch zu dir.
Die Schatten geben deinem Leben
Tiefe und Menschlichkeit.
Wer mit dir in Beziehung tritt,
sollte wissen, daß diese Seite zu dir gehört.
Wer sie in dir ablehnt,
hat nicht das Recht,
sich deinen Freund und deine Freundin zu nennen.

Manche geben dir nicht das Recht
auf diese Seite in dir.
Sie erwarten, daß du sie unterschlägst
und das Glück vorspielst.
Vielleicht haben sie weniger Angst für dich
als für sich selbst, weil sie durch dich
an das Unoffene in sich selbst geraten.
Wenn sie darum dir helfen wollen,
geschieht es nicht, um dir zu helfen,
sondern sich selbst.

33/31

Mir selbst fremd,
lege ich doch die Arme
um das Unvermeidbare.
Auge in Auge
begegne ich dem,
was auf mich zukommt.

Es gibt Wege ohne Engel.
Manche Nächte sind dunkel
und lassen böse Hunde los.
Es gibt Tage ohne Musik,
sie dröhnen durch meine Kopfschmerzen,
die sich wie eine endlose Ebene ausdehnen.
Ich kann nicht lachen.
Ich habe nicht genug Tiefe, um zu weinen.
Alles ist ein flaches Grau.
Ich suche nach den Farben
einer zauberhaften Kindheit.

Aber ich weiß,
daß ich am Ende
durch diese fremden Momente wachsen werde.
Und wachsen heißt
an der Vision festhalten,
nicht aufgeben
in dem Schmerz hier und jetzt.

19/78

An der Krankheit gesunden

Wie still sich in uns
die Krankheiten die Hände reichen,
um gemeinsam die Zerstörung
an den Punkt zu treiben,
wo Knochen und Muskeln,
Gewebe und Nerven
die seltenen Einsichten
aus uns pressen.

Und darüber wartet die Seele
wie eine Mutter,
wie eine Glocke.
Und darunter stöhnt die Seele
wie eine Tragbahre,
wie Urgestein.
Und darin wächst die Seele
wie Blutbahn
und Atem.

So könnten wir reifen
und dem Schmerz
seine Bestimmung wiedergeben,
um das Neue,
das neue Ichweißnichtwas
zu entdecken.

So,
vielleicht nur so,
tut sich der dunkle Himmel
in uns auf,
und wir gesunden.

Ich habe einen Traum
Über die Hoffnung

Hoffnung ist die Energie, die wir zum Leben brauchen. Sie ist die Kraft, die Leben ermöglicht, und gleichzeitig ist sie Ausdruck des Lebendigseins. Hoffnung ist der Glaube, daß es eine Zukunft geben wird, daß das Leben eine Chance hat. Zu hoffen heißt, sich aktiv auf die Seite des Lebens zu stellen. Hoffnung ist eine starke Form der Liebe zur Erde.

Hoffnung ist eine Frage der Entscheidung. Wir dürfen unsere Hoffnung nicht abhängig machen vom Zustand der Welt. Wenn wir sie abhängig machen von dem, was um uns herum passiert, und wenn wir nur dann Hoffnung haben, wenn es hoffnungsvoll aussieht, dann würde unsere Hoffnung sehr schnell scheitern. Aber gerade dann, wenn es viel Grund zum Aufgeben gibt, ist die Hoffnung nötiger als je. Darum muß Hoffnung eine grundsätzliche Entscheidung sein. Die Entscheidung für das Leben, auch gerade angesichts des Todes und der Zerstörung.

Hoffnung ist nicht die Kunst des positiven Denkens, sondern eine Entscheidung, die Liebe als lebensförderliches Prinzip zu sehen und sich schöpferisch dafür einzusetzen, auch dann, wenn es hoffnungslos aussieht. In jeder Hoffnung steckt auch immer der Glaube, daß es Wunder geben kann. Wunder der Verwandlung. Eine Situation kann sich verändern, ein Politiker kann verwandelt werden, ich kann mich verändern, mein Partner ebenso. Die Hoffnung des Hoffenden basiert nicht auf diesen Möglichkeiten, aber sie schließt sie nicht aus.

Hoffnung zu haben ist die Fähigkeit, die Entfaltung des Lebens auch noch in der Zerstörung zu ahnen und vielleicht sogar zu erkennen.

Es gibt zwei Möglichkeiten, an der Gestaltung der Zukunft mitzuwirken. Die eine ist, die Zukunft im Sinne der Warnung mit ihren Gefahren zu beschreiben, die unausweichlich eintreffen, wenn wir so weiterleben wie bisher. Repräsentant dieser Zukunftsbetrachtung ist der Club of Rome: Wissenschaftler, die im Bewußtsein der Verantwortung für den Weiterbestand unserer Welt die Linien der Entwicklung in die Zukunft ausziehen und die Konsequenzen beschreiben. Diese Art der Zukunftsbetrachtung ist sicherlich notwendig, um ein Wachwerden und eine Änderung herbeizuführen. Auch unter Christen ist diese Zukunftsperspektive verbreitet. Viele allerdings warten nur auf die vorherbestimmte Katastrophe.

Wir wollen einen Versuch machen, die Zukunft nicht von der Angst oder von der unabänderlichen Katastrophe her zu beschreiben, sondern im Horizont der Hoffnung. Um hoffnungsvoll zu denken, fanden wir es nötig, eingefahrene Denkmuster nicht als endgültig zu akzeptieren. Denen, die schon genau wissen, wie alles weitergeht und wie die Welt enden wird, werden viele Gedanken dieses Buches wie Hirngespinste erscheinen. Überlassen wir es der Zukunft. Wir wollen zu denen gehören, die die Hoffnung für die Welt nicht aufgegeben haben, selbst in einer Zeit, in der Hoffnung für die Zukunft wie Dummheit erscheint. 17/7

Grundlegendes Vertrauen: Vertrauen, das nicht nur Basis *ist*, sondern eine Basis, einen Grund *legt* oder herstellt. Vertrauen ist vor dem Grund da und stellt ihn dann her. 14/319

Ich hoffe auf unsere Einsicht,
damit wir diesen Planeten
nicht zu einer Schutthalde machen,
sondern mit ihm wieder behutsamer umgehen.
Ich hoffe, daß ich begreife,
wie ich meinen Beitrag dazu leisten kann.

Ich hoffe, daß wir eine Vision entwickeln
und auf lange Sicht planen,
um die Welt nicht nur auszubeuten,
weil wir nicht weiter als »heute« denken.
Ich will mich selbst als Glied einer langen Kette
nach rückwärts und vorwärts verstehen.

Ich hoffe auf gelbes Korn, rote Früchte,
blaue Flüsse, lebendige Tiere, erfrischende Luft,
ich hoffe auf ein grünes Bewußtsein
und das Eingebettetsein des Menschen
in die Zusammenhänge blühenden Lebens.

Ich hoffe auf unsere Fähigkeit,
den Tod, den wir gerufen haben,
wieder entschieden wegzuschicken,
damit es Leben nach uns geben kann. 37/6

Hoffnung hat immer Farben zur Hand. 14/229

Du hast das Recht, zu hoffen,
wahnsinnig und grenzenlos zu hoffen
gegen die Verrücktheit
der Aufrüstung und Ausbeutung.
Du hast das Recht,
die Veränderung schon jetzt zu sehen,
sie in dir zu tragen
und sie mit der Stärke der Liebe herbeizuhoffen
gegen die Folter und den Vernichtungswahn derer,
die das Leben verachten,
gegen die armselig Mächtigen.

Du hast das Recht, maßlos zu hoffen
auf Wasser, wo nichts als Trockenheit ist,
auf Leben, wo der Tod
alles in der Hand zu haben scheint.
Vielleicht ist manchmal der Glaube
deiner Hoffnung
das einzige, was du noch in die Waagschale
werfen kannst.

Du hast das Recht, zu hoffen
gegen alle Umfragen,
gegen jede allwissende Hochrechnung,
gegen die schlauen Statistiken,
gegen die Pessimisten,
Optimisten und Realisten.

Du hast das Recht, außer dir zu sein
mit Hoffnung,
nicht als Flucht, aber als Durchblick,
nicht als Erfahrung, sondern als Vision.

Du hast das Recht, zu hoffen
gerade dann, wenn alle meinen,
es gäbe nichts mehr zu hoffen.
Dann zählt deine Hoffnung doppelt
und tausendfach.
Vielleicht bist du einer der zwölf,
die mit ihrer Hoffnung
die ganze Welt erhalten. 33/32–3

Im Fernsehen ein Interview mit einer Frau, die von »therapeutic touch« (therapeutischer Berührung) spricht. Jeder Körper ist von einem Energiefeld umgeben. Durch Berührung oder auch nur Annäherung ist es möglich, Energie zu vermitteln, die den andern entspannen läßt und zur Heilung beiträgt. Ich muß an Jesus denken und an die Frau, die nur sein Gewand berühren wollte. Ich stelle mir vor, wie die guten Wünsche für den andern (eine Art segnen) wie Wellen aus meinem Körper fließen und den anderen berühren. 14/94

Ich übe mich, alle Tätigkeiten, die ich um mich herum sehe, als einen Versuch des Heilwerdens zu sehen. Selbst destruktive Handlungen sind wie ein letzter Aufschrei nach Heilheit, wie eine Erpressung dem Leben gegenüber. 21/64

Was dich mehr zerstören wird als alles andere, wird dein Vergessen sein. Das ist der große Mörder. Wir beginnen mit Träumen, Hoffnungen, Möglichkeiten, Wünschen. Erinnerst du dich noch an die Wünsche, die du einmal hattest? Manche waren kindlich, unrealistisch, vielleicht sogar ein bißchen gesponnen. Du wolltest Astronaut werden, den Hunger aus der Welt schaffen, der Unterhändler sein, dem es gelingt, Ost und West wirklich zu versöhnen. Du wolltest bei Greenpeace mitarbeiten und sehen, daß während deines Lebens auch nicht noch ein weiteres Tier aussterben würde. Du warst nach vorne ausgerichtet. Du hattest Hoffnung. Du hast mit einem inneren Feuer gebrannt.

Dann kamen die ersten Enttäuschungen. Die Verletzungen. Das Erleben deines eigenen Unvermögens. Die fehlende Hilfsbereitschaft anderer. Die Einsamkeit des Hoffenden. Deine Mutlosigkeit. Du wurdest so sterblich, so menschlich, so normal wie alle anderen. Und um damit leben zu können, hast du einige deiner Wünsche vergessen, vergraben. Du hast so getan, als hättest du sie nie gehabt. Die Träume, die du dir nicht erfüllen konntest, wünschtest du lieber erst gar nicht. Dein Leben wurde kleiner. Die Spannung ging weg, und dabei hast du auch etwas von deinem Lebenswillen verloren. Du hast begonnen, dich anzupassen.

Aber es gibt noch ein weiteres und viel gefährlicheres Vergessen. Viele vergessen, daß sie vergessen haben. Sie haben nicht nur vergessen, was sie gewünscht haben, sondern auch, *daß* sie gewünscht haben. Sie haben vergessen, daß Wünschen und Hoffen unzertrennlich zum Menschen dazugehören. Mit diesem doppelten Vergessen zieht eine große Lähmung ein. Sie erleben sie nicht mehr als Lähmung, weil sie sie mit nichts mehr vergleichen können. Sie haben alles andere vergessen. Zu der Lähmung kommt der Zynismus, die Ironie und das Mißtrauen. Darum ist Wachsamkeit wichtig. Das

Vergessen schleicht sich vorsichtig und über eine lange Zeit
ein. Es ist ein Gift, das durch Stetigkeit wirkt. 30/140–1

Beschütze deinen Traum.
Geh sorgfältig mit ihm um,
er ist erreichbar.
Nimm deine Sehnsucht ernst.
Es ist Gottes Gegenwart in uns.

Sammle gerade dann Kraft,
wenn alles Wachstum erfroren scheint,
und dann, wenn die Zeit richtig ist,
brich wieder hervor
mit deinem kraftvollen Traum.

Färbe deinen Traum bunt,
gib ihm ein Wesen,
male dich in seine Mitte,
wo du hingehörst.

Fühle dich wohl bei dir,
so wie Gott sich bei dir wohl fühlt. 19/18

Ich hoffe, daß die Zahl der Friedliebenden
immer weiter wächst
und wir mehr und mehr verstehen,
daß wir gemeinsam auf Leben und Tod
diesen kleinen Planeten bewohnen,
damit wir uns nicht bekriegen, sondern ergänzen.
Dann werden wir nicht mehr
unter einer ständigen Bedrohung leben.

Ich hoffe, daß den Friedensstiftern und Gewaltlosen
Denkmäler errichtet werden
und Generäle und Feldherren
nicht mehr als Vorbilder gelten.
Ich hoffe,
daß es einen Nobelpreis für die Hoffnung gibt
und Auszeichnungen für den Mut,
nicht mehr zu kämpfen;
daß die Liebe als Stärke
und nicht als Schwäche verstanden wird.

Ich hoffe,
daß wir das Interesse an Waffen verlieren
und statt dessen angezogen werden
von unserem gegenseitigen inneren Reichtum.   37/14

Vieles können wir nicht mehr. Das Gefühl der Ohnmacht hat zugenommen. Über unsere Köpfe hinweg wird entschieden, wie die Welt weitergehen wird. Alles wird festgelegt, ohne daß wir gefragt werden. Und die, die sich dazwischenwerfen, werden zermahlen. Und doch bleibt uns das Größte: die freie Entscheidung, uns dem anderen Menschen zuzuwenden oder nicht. Keine Armee, keine Gesetze, weder die steigenden Ölpreise noch die schleichende Inflation kann uns davon abhalten, wenn wir uns dafür entschlossen haben. Außerdem wird gerade in Notsituationen die Liebe erfinderisch. Und plötzlich ist uns Unwichtigen, Ohnmächtigen die Herrschaft der Welt in die Hände gegeben. 14/95

Ich hoffe,
daß du mit mir hoffst,
so daß wir unsere Energie verdoppeln,
vervierfachen, verachtfachen
und die Welt um uns durchflutet ist
von dem Wissen um Erlösung,
daß uns Gott nicht verlassen hat,
sondern gerade in unserer Hoffnung
bei uns ist
und die Erneuerung des Menschen
aus dem Geist Gottes möglich ist. 37/24

Hoffnung auf was? Ich glaube, daß es letztlich nur eine Hoffnung gibt: daß das Leben über den Tod siegt und daß damit ein Sinn im Leben hergestellt wird. Der Betende hofft also gegen die Sinnlosigkeit und gegen die Verzweiflung, die überall nur die Herrschaft des Todes sieht. So wie es Mut nur in der Gefahr und Angst gibt, gibt es Hoffnung nur in der Ausweglosigkeit und Bedrängung. Wenn alles rosig ist, brauchen wir nicht zu hoffen, darin haben wir bereits das Erhoffte. Hoffnung ist eine »Trotzhaltung«, die uns nicht natürlich zufällt, sondern um die wir uns bemühen müssen. Ich habe Hoffnung, trotz des Zustandes der Welt oder meines Lebens.

Diese Hoffnung ist eine Sache der Entscheidung. Die Entscheidung für die Hoffnung darf nicht von den Umständen abhängig gemacht werden, weil sie damit durch jede Sinnlosigkeit und jedes Versagen gefährdet und aufgehoben werden kann. Hoffnung darf nicht abhängig gemacht werden vom Grund zur Hoffnung. Es geht gerade darum, noch zu hoffen, wenn alles hoffnungslos aussieht. Es gibt immer genug Gründe, nicht mehr zu hoffen, und es gibt viele Hoffnungslose. Die Hoffnung ist der Glaube an das Leben, auch angesichts der Zerstörung. Zur Hoffnung gehört auch, an die Verwandlung zu glauben. Wie das Küken die Vollkommenheit des Eies zerstören muß, um in ein neues Leben eintreten zu können, so ist der Inhalt der Hoffnung, daß gerade aus dem Tod immer wieder das Leben entsteht. Hoffnung hält die Möglichkeiten offen. Ganz mit dem Sein auf das Leben ausgerichtet zu sein, das heißt zu hoffen.

Diese Hoffnung ist praktisch. Sie erfüllt die kleinen, scheinbar unwichtigen Handlungen mit Sinn. Nicht nur durch das, was vor Augen ist, sondern gerade auch durch die unsichtbaren Zusammenhänge, durch den schwer greifbaren Kontext, lebt die Hoffnung weiter. Ihr Inhalt und Ziel ist immer die Entfaltung des Lebens, die Durchdringung der Welt mit Gott und damit mit Sinn. 31/71-2

Der stille Punkt
Hätten wir den stillen Punkt
in uns gefunden,
wären die Armeen nicht nötig,
Worte würden ausreichen,
Hände würden Hände berühren,
weil es nichts zu verteidigen gäbe.

Der erhobene Zeigefinger
würde seine Drohung verlieren,
und ebenso still würden wir begreifen,
daß er nach oben zeigt,
auf den stillen Punkt über uns. 22/58

Ich hoffe,
aber ich will auch handeln.
Ich hoffe,
aber ich will auch kritisch denken.
Ich hoffe,
aber ich will auch lernen.
Ich hoffe,
aber ich will auch Entscheidungen treffen.
Ich hoffe,
aber ich will auch durchschauen.
Ich hoffe,
aber ich will mich auch aussetzen.
Ich hoffe,
aber ich will auch wagen.
Ich hoffe,
aber ich will auch kämpfen.
Ich hoffe,
aber ich will nicht nur warten.

Nie
will ich mich hinter meiner Hoffnung verstecken,
um nicht handeln zu müssen.
Ich will vor der Verantwortung nicht fliehen. 37/26

Auch in den feinsten Formen
zerstört die Hoffnungslosigkeit
kostbares, feinfaseriges Leben.
Sie zersetzt von innen,
sie zerdrückt von außen.
Sie nimmt Worten ihre Bedeutung.
Sie nimmt Handlungen ihren Sinn.
Sie nimmt allem die Notwendigkeit.
Sie schleicht sich ein über den Verstand,
der sich Sachlichkeit schuldet,
oder über die Gefühle,
die beanspruchen, ernst genommen zu werden.
Sie ist schwer loszuwerden,
weil sie belesen und gebildet wirkt
und meistens mit vielen Beweisen arbeitet.

Erst wenn du mit deinem Wesen weißt,
daß nur die Hoffnung Leben schafft,
wirst du dich für sie entscheiden,
und nicht nur, weil die Welt positiv aussieht
und du dich anhängen möchtest
an die guten Gefühle.

Es gibt keine andere Alternative zum Tod
als das Hoffen.
Hoffen ist glauben.
Hoffen ist leben.
Hoffen ist lieben.

31/73

Kleiner Führer durch meine neueren Bücher

Ich möchte am Ende dieses Lesebuchs einige der Bücher der letzten Jahre vorstellen. Ich habe im Laufe meines Schreibens in verschiedenen Verlagen veröffentlicht. Mit der Gründung der Edition Schaffer im Kreuz Verlag wird sich mein Publizieren auf diese Edition konzentrieren, aber ich möchte neben den Kreuz-Titeln auch einige der Bücher in anderen Verlagen kurz erwähnen.

Neues Umarmen

Mein erstes Buch im Kreuz Verlag. Es enthält Texte über das Aufbrechen in etwas Neues, Ungewohntes. Über den Mut, das Alte abzulegen, wenn man darin nicht mehr leben kann. Wichtig ist hier der Moment der Selbsttreue und die Notwendigkeit, das eigene Leben zu entdecken und sich nicht von anderen leben zu lassen.

Ganz anders könnte man leben

Dieses Buch habe ich zusammen mit Wilhard Becker geschrieben. Es ist ein Versuch, die Botschaft Jesu für unsere Zeit zu verstehen, aus der »Perspektive der Hoffnung«, wie es im Untertitel heißt. Wir haben versucht, die drei Begriffe Leben, Liebe und Licht als Eigenschaften Gottes für unser Leben zu deuten.

Ins Blaue Wachsen

Ein Bildband mit Fotos und Texten, die sich mit Wachstum und Reifung befassen. Dieser Band ist ein Ausdruck meiner Liebe zur Natur und meiner Beschäftigung mit dem Thema »Entfaltung«.

Ich will zart sein mit dir
Ein Buch über die vier Stufen oder Phasen, die in jeder Beziehung zu finden sind: das Verzaubern, Enttäuschen, Erwachen und das reife Lieben. Die Gedanken werden durch kurze Aufsätze, Gedichte und Briefe entwickelt. Vierzig Porträtfotos schmücken den Band.

Ich ahne den wechselnden Weg
Dies ist ein Tagebuch mit einer langen Einleitung über das Tagebuchschreiben. Es ist ein sehr persönliches Buch, in dem ganz unterschiedliche Dinge gedacht werden: innere Erfahrungen, Gelesenes, Ereignisse in der Welt, Vorgänge, die mit dem Schreiben zu tun haben, Reisen, Kleinigkeiten. Es geht mir um das bewußte Leben.

Sehnsucht nach Nähe
Gedichte, die sich besonders mit unserer Sehnsucht nach Liebe und Zugehörigkeit befassen.

Winter der Gefühle
Ein Schwarz/weiß-Bildband über die Begegnung mit dem Schweren. Der Band besteht aus drei Elementen, die einander ergänzen: Eine Erzählung über den Fallensteller Lars Johansson, der alles verliert, dann Gedichte, die sich mit dem Verlust der Gefühle und des Sinns befassen, und die Fotografien von herben Winterlandschaften. Es ist ein Buch für die, die sich mit Fragen nach dem Sinn des Lebens beschäftigen. Von allen meinen Büchern finde ich dies das ästhetisch schönste.

Entdecke das Wunder, das du bist
Über den Wunsch, wirklich lebendig zu sein, heißt der Untertitel. Reflexionen in vier großen Bereichen: »Blutvoll leben«, »Die Weite im Unscheinbaren«, »Wenn ich zittere« und »Täuschungen, Mißverständnisse«. Ein Band, der Mut macht, nach einem Leben zu suchen, das sich zu leben lohnt. Mit Schriftgrafiken von Friedrich Peter.

Die innere Stimme
»Eine Bewußtwerdung« heißt der Untertitel: Ein Mann wird überrascht von einer inneren Stimme, die ihm sein Leben vorstellt und erklärt. Die Stimme führt ihn durch die verschiedenen Lebensalter und fordert den Mann heraus, sein Leben zu entscheiden: So, wie er sich entscheiden wird, so wird seine Zukunft aussehen.

Beten über Worte hinaus
Ein Buch über das Beten, für solche, die nicht mehr beten können. In diesem Buch habe ich mich bewußt zu meiner Unfähigkeit, in gewissen Formen zu beten, gestellt und dabei entdeckt, daß ich auf andere Weise sehr intensiv bete, wenn auch nicht verbal. Kernstück des Buches ist das Kapitel mit 22 Handlungen/Haltungen, die ich als Beten interpretiere. Dieses Buch ist mit Fotogrammen von mir illustriert.

Grundrechte
Hier habe ich 42 Grundrechte beschrieben, die wir alle haben, aber nicht in Anspruch nehmen. Wir lassen uns von anderen unsere Rechte abnehmen und geben so unsere Freiheit auf. Dieses Buch ermutigt, das eigene Leben in die Hand zu nehmen.

Die Reise ins eigene Herz
Die Beschreibung einer Reise nach innen, in die eigenen Werte, Wünsche und in die Selbständigkeit. Über die Verweigerung jeder Fremdbestimmung. Ein Buch, das Mut macht, zu sich selbst zu stehen.
Ursprünglich als konzertante Lesung mit Hans-Jürgen Hufeisen konzipiert und oft aufgeführt.

Die Verbrennung
Eine Frau verbrennt ihre Bibel, um sich auf diese dramatische Weise von einem Gottesbild zu lösen, das ihr das Leben nimmt. Es ist ihre Antwort auf ein patriarchalisches Gottesverständnis, kein Akt der Rebellion gegen Gott, sondern die Feier eines freien Menschen, der sich traut, sich selbst als Gegenüber Gottes zu sehen.

Im *Groh Verlag* gibt es sechs kleine Bildbände mit Texten, die die Grunderfahrungen und Sehnsüchte des Menschen beschreiben. Jeder Band steht unter einem Stichwort, einem Verb, das die Richtung des Bandes andeutet. Die Titel sind:
ich wage...
ich suche...
ich staune...
ich hoffe...
ich leide...
ich liebe...

Im *Kaufmann Verlag* sind drei kleine Hefte erschienen. Jedes Heft enthält 14 Texte und 15 farbige Fotos zu einem Thema. Mich hat es gereizt, in dieser knappen Form etwas zu schaffen, was Menschen angeht und ihre Sprache spricht. Die Titel sind:
...weil du einmalig bist
...weil du dunkle Momente kennst
...weil du dein Leben entscheidest

Sammle mir Kiesel am Fluß
Dieses Buch über Beziehung erschien im *Quell Verlag*. Es ist eine Art Allegorie. Die zwei Hauptpersonen sind ein Mann und eine Frau, ohne Namen. Auch wird ihre Geschichte kaum erwähnt. Es geht um das, was passiert, wenn zwei Menschen sich zu lieben beginnen: um das Glück, um das Arbeiten an der Liebe, um das Loslassen, um die Eifersucht. Das Buch besteht aus Prosaskizzen, Gedichten und Epigrammen und ist von einer jungen kanadischen Künstlerin mit Zeichnungen illustriert worden.

Meine Bücher bis zur Gründung der EDITION Schaffer

1.	trotz meiner schuld	Oncken 1971
2.	kreise schlagen	Oncken 1973
3.	ich will dich lieben	Brockhaus 1974
4.	umkehrungen	Oncken 1975
5.	gott, was willst du?	Oncken 1976
6.	jesus, ich bin traurig froh	Brockhaus 1976
7.	Im Aufwind	Oncken 1977
8.	wachsende liebe	Oncken 1978
9.	Der Turm	Oncken 1979
10.	Überrascht vom Licht	Oncken 1980
11.	mit kindern wachsen	Oncken 1980
12.	Das Schweigen dieser unendlichen Räume	Brockhaus 1981
13.	Wurzeln schlagen	Oncken 1981
14.	Journal	Oncken 1982
15.	das zarte lieben	Oncken 1982
16.	Ein Lied von Licht und Leben	Oncken 1983
17.	Ganz anders könnte man leben (zus. mit W. Becker)	Kreuz 1984
18.	Neues Umarmen	Kreuz 1984
19.	Ins Blaue Wachsen	Kreuz 1984
20.	Ich will zart sein mit dir	Kreuz 1985
21.	ich ahne den wechselnden weg	Kreuz 1985
22.	Sehnsucht nach Nähe	Kreuz 1986
23.	Winter der Gefühle	Kreuz 1986
24.	Sammle mir Kiesel am Fluß	Quell 1986
25.	Entdecke das Wunder, das du bist	Kreuz 1987
26.	ich suche...	Groh 1987
27.	ich wage...	Groh 1987
28.	ich staune...	Groh 1987

29.	...weil du einmalig bist	Kaufmann 1987
30.	Die innere Stimme	Kreuz 1988
31.	Beten über Worte hinaus	Kreuz 1988
32.	...weil du dunkle Momente kennst	Kaufmann 1988
33.	Grundrechte	Kreuz 1988
34.	Die Verbrennung	Kreuz 1989
35.	Die Reise ins eigene Herz	Kreuz 1989
36.	...weil du dein Leben entscheidest	Kaufmann 1989
37.	ich hoffe...	Groh 1989
38.	ich leide...	Groh 1989
39.	ich liebe...	Groh 1989

Ich wurde am 17. Dezember 1942 in Pommern geboren. Am Kriegsende flohen wir in die Nähe von Bremen und wanderten von dort 1953 nach Kanada aus. Erst wohnten wir in der Prärie in Alberta, ab 1955 dann im Norden von British Columbia. Dort beendete ich die High School und ging dann zum Studium der Germanistik und Anglistik nach Vancouver und Hamburg. Von 1970 bis 1981 arbeitete ich als Dozent für europäische Literatur an einem College bei Vancouver. Seit 1981 bin ich freiberuflich Schriftsteller und Fotograf und wohne weiter bei Vancouver.
Ich bin seit 1965 mit Waltraud verheiratet, und wir haben zwei Kinder: Kira, 20, und Silya, 17.
Ich schreibe sehr gern, weil es mir die Möglichkeit gibt, meine Gedanken zu sondieren und mich so zurechtzufinden in meinem Leben. Ich freue mich, daß mein Schreiben auch andere interessiert, und sehe meinen Beitrag darin, Empfinden und innere Zustände auszudrücken, die andere nur ahnen und nicht fassen können. Ich fühle mich darum eng verbunden mit meinen Lesern und komme zweimal im Jahr nach Europa zu Lesungen und Vorträgen.
Ich wünsche mir weiter die kreative Kraft, die wichtigen Lebensfragen anzugehen und sie zu gestalten, in Texten, Erzählungen, Romanen, Bildbänden, Gedichten und Sachbüchern, daß sich meine Leser darin wiederfinden und ihr eigenes Leben etwas besser verstehen.
Die Gründung der Edition Schaffer im Kreuz Verlag ist für mich eine besondere Chance, meinen schöpferischen Kräften nachzugehen.

»Es ist immer mein stiller Traum gewesen, einmal fast ohne Begrenzungen in einem Verlag arbeiten zu können. Mit der Edition Schaffer hat mir der Kreuz Verlag diese Möglichkeit gegeben. Ich möchte dem frei nachgehen, was in mir entsteht, und aus mir heraus die jeweils passende Form finden. Ich schreibe seit Jahren leidenschaftlich gern, weil es mir hilft, mein Leben besser zu verstehen. In der letzten Zeit hatte ich oft das Gefühl, daß ich eigentlich erst am Anfang meines Schreibens stehe. Ich bin darum sehr gespannt, was dabei noch herauskommen wird, und freue mich, daß der Verlag mir Raum dazu gibt. Meine Veröffentlichungen wollen Bücher zum Leben sein.«

Edition Schaffer im Kreuz Verlag

Ulrich Schaffer
Liebendes Wahrnehmen
112 Seiten, kartoniert   ISBN 3-7831-1005-X

Ulrich Schaffer schreibt Liebesgedichte, die weiterführen. Er öffnet uns eine Welt der Bilder, in der vom Glücklichsein über die Entdeckung des anderen ebenso die Rede ist wie von der Sinnlichkeit, mit der Körper, Seele und Geist des Partners gefeiert werden. Er spricht aber auch das Herbe der Liebe an, das Erlebnis der Fremdheit nach Nichtverstehen und die Einsamkeit. Im dritten Teil des Buches finden sich Texte, in denen die Liebe immer wieder auf die ganze Welt ausgeweitet wird: Gedichte an einen Baum, an die Tochter, an einen Freund, an Gott.

Ulrich Schaffer
Wo ich wohne
224 Seiten, kartoniert   ISBN 3-7831-1001-7

Dies ist Ulrich Schaffers drittes Tagebuch; es umfaßt Eintragungen aus dem Jahr 1988 und gibt Einblick in die innere und äußere Heimat dieses Autors, in sein Denken und Fühlen, sein Formulieren und Schreiben, in Projekte und Erfahrungen mit Büchern, Filmen, Songs, zwischenmenschlichen Beziehungen. Es ist Schaffers persönlichstes Buch, in dem man den Autor besser als in seinen anderen Büchern kennenlernen und dabei auch sich selbst neu entdecken kann: »Ich verstehe mein Tagebuch als eine Veröffentlichung, durch die Leser neue Perspektiven für eigene Erlebnisse gewinnen können. Es soll ein Anstoßbuch sein.«

Edition Schaffer im Kreuz Verlag

Ulrich Schaffer
Wildnis in uns
72 Seiten, gebunden   ISBN 3-7831-1002-5

300 Kilometer lang war die abenteuerliche Kanufahrt, die Ulrich Schaffer zusammen mit drei Jugendlichen im Sommer 1988 durch eine noch ursprüngliche Wildnis im Norden Kanadas unternommen hat. Ein Reisetagebuch, Gedichte von der besonderen Liebe des Autors zu dieser Landschaft, Reflexionen über die Wildnis sowie aufregende Farbfotos bilden die Elemente dieses ungewöhnlichen Buches: »Ich glaube, daß ich in der Wildnis um mich ein Stück von mir wiederfinde, etwas, was ich nicht verlieren möchte. Die Abläufe in der Natur sind für mich wie ein Spiegel meines Lebens.«

Ulrich Schaffer
Ich will zart sein mit dir
Verzaubern, Enttäuschen, Erwachen, Lieben
217 Seiten, kartoniert   ISBN 3-7831-0775-X

Erlebtes und Erlittenes aus der schönen, beängstigenden Landschaft der Beziehungen beschreibt, vertieft und gestaltet Ulrich Schaffer in diesem Buch. »Die Welt ist verzaubert« – »Ich bin so tief enttäuscht« – »Ich will lieben lernen« – »Wachsen aus dem Boden der Liebe« – das sind die Themen der vier Kapitel, in denen Schaffer entfaltet, was es heißt, zart miteinander umzugehen. Vierzig Porträts von Jugendlichen, fotografiert vom Autor, ergänzen diesen Band, der all denen gewidmet ist, die ihr Leben von der Liebe her gestalten wollen.

Edition Schaffer im Kreuz Verlag

Ulrich Schaffer
Entdecke das Wunder, das du bist
Der Wunsch, wirklich lebendig zu sein
Mit zahlreichen Schriftgrafiken von Friedrich Peter
116 Seiten, kartoniert mit Klappen   ISBN 3-7831-0851-9

Ulrich Schaffers Buch beansprucht nicht, den Weg zum Glück zeigen zu können. Aber es besteht aus einer Reihe von Reflexionen und Gedichten, die auf der Suche nach erfüllterem Leben entstanden sind. Gegen lebensfeindliche und zerstörerische Tendenzen setzt er wache Aufmerksamkeit für Ahnungen, Intuitionen, Träume und Phantasien, die das Leben reich und wunderbar machen können. Dem inneren Reichtum seiner intuitiven Texte entspricht die vielseitige Gestaltung einzelner Aphorismen in den Schriftgrafiken von Friedrich Peter.

Edition Schaffer im Kreuz Verlag